U0678724

构建快乐成长金字塔

快乐应该是贯穿人生的主线

佟绍伟◎著

经济管理出版社
ECONOMY & MANAGEMENT PUBLISHING HOUSE

图书在版编目（CIP）数据

构建快乐成长金字塔/佟绍伟著. —北京：经济管理出版社，2011.12

ISBN 978-7-5096-1616-1

Ⅰ.①构… Ⅱ.①佟… Ⅲ.①家庭教育：儿童教育 Ⅳ.①G78

中国版本图书馆 CIP 数据核字（2011）第 193605 号

出版发行：经济管理出版社

北京市海淀区北蜂窝 8 号中雅大厦 11 层

电话：(010)51915602　　邮编：100038

印刷：北京晨旭印刷厂　　经销：新华书店

组稿编辑：王光艳　　责任编辑：王光艳

责任印制：杨国强　　责任校对：超　凡

720mm×1000mm/16　　14.5 印张　　195 千字

2012 年 1 月第 1 版　　2012 年 1 月第 1 次印刷

定价：29.80 元

书号：ISBN 978-7-5096-1616-1

·版权所有　翻印必究·

凡购本社图书，如有印装错误，由本社读者服务部负责调换。联系地址：北京阜外月坛北小街 2 号

电话：(010)68022974　　邮编：100836

序言

一提起党中央提出的树立和落实科学发展观的战略思想，人们常常想到“五个统筹”，即如何统筹经济社会协调发展，统筹城乡协调发展，统筹区域协调发展，统筹国内发展和对外开放，统筹人与自然协调发展。其实，要真正实现“五个统筹”，终究还要靠人来落实。因此，在人的培养方面树立和落实科学发展观最为重要。管仲曾说：“一年树谷，十年树木，百年树人。”把“树人”当成百年大计，可见教育的重要性。

工业革命以后，教育由“文明的传播者”逐渐变成了“谋生的工具”。不管中国还是外国，古代的教育侧重于高尚品德的培养。儒家所说的某人有学问，主要是指他有高尚的道德情操，而不是指他掌握多少知识。你具有高尚的道德情操，即使你是个文盲，你也是有学问；反之，如果道德低下，即使你满腹经纶，也算不上有学问。曾有人问孔子他的学生谁最好学，孔子回答说有个叫颜回的最好学，因为颜回“不迁怒，不贰过”，也就是不迁怒别人，不重复犯错误。工业革命以后，随着人们对物质财富的不断追求，就业压力越来越大，“有学问”不再意味着高度的道德修养，而是有“知识和技能”。要挣钱就要找到好工作，要找到好工作就要拿到文凭，要拿到文凭，就要通过各种各样的考试，而考试的内容恰恰是各种科技知识和技能。于是乎，道德情操的培养、体格的健壮、独立生活的能力等，都被排在了考试的后面。结果，我们的社会培养了许多“病秧子”、“书呆子”、“有才无德者”。在中国，这个问题尤为突出。由于人口众多，就业压力异常大，考试又是用人单位不可替代的方法，于是我们把应试教育推到了极致。学校教育一切围绕考试转，考试成绩好的就是好孩子，不好的就不是好孩子。好像人生的全部就是从小学到大学每学期所学习的几本可怜的教科书。更有甚者，许多孩子竟然错误地以为考上了大学、读完了硕士博士就到达了人生的终点。让人更加忧虑的是，应试教育正在逐渐耗尽孩子的体力，掏空孩子的情感，侵蚀着孩子的创造力和想象力。

其实，在漫长的人生里程中，要真正成功，单靠学校所学的那些东西远远不够。因为健壮的体格、健全的人格、广博的知识、高度的智慧等，相对于教科书中的那点儿知识来说更加重要。很难想象，一个人如果身体孱弱、缺乏自信、意志软弱、没有韧劲、难以共事、不能独立、说话办事能力差、在家不孝敬父母、在外不尊敬师长，即使他再能考试，也会像鲁迅所说的那样“死读书，读死书，最后成了活死人”，不会有什么出息。而当代的应试教育，尤其是中国的应试教育教给孩子的除了书本还有什么有价值的东西呢？

然而，这种以就业为导向的教育真的能够促进孩子的就业吗？其实不然，它恰恰影响了孩子未来的就业。常见许多孩子参加工作后，除了会考试，其他什么都不会。话也不会说，事也不会办，材料也不会写，经不起批评，不会处理人际关系，适应能力差，不断跳槽更换工作单位，多少年后还是两手空空，毫无建树。

有感于此，笔者在教育自己孩子的过程中，不断反思当代教育，尤其是中国的教育，阅读了一些有关教育方面的书籍，本着“匹夫之责”，撰写了这本小册子。从非专职教育工作者的角度，提出了自己粗浅的认识和见解。其主要观点是：一是快乐应该是贯穿人生的主线，也就是每个孩子应该学自己想学的东西，做自己想做的事情，长大以后才能干一行、爱一行；二是构建孩子成长的金字塔，第一层是健壮的体格，第二层是健全的人格，第三层是广博的知识，第四层是高度的智慧，塔尖是大学所学专业和毕业以后所从事的工作。有了下面四层的有力支撑，塔尖才能稳固。因此，本书叫《构建快乐成长金字塔》。具体内容的阐述将在书中陆续展开，希望能对教育制度的改革出些绵薄之力，起到抛砖引玉的作用。

在此必须声明，本人并非职业教育工作者，本书的各种观点只是一家之言，难免有偏激、片面之处。古人说得好："文不尽言，言不尽意。"意思是，文笔再好的人、口才再好的人，也很难把所要说的话完整准确地表达出来。因此，家长在教育孩子的过程中，一定要结合孩子的自身特点，不可将本书的观点生搬硬套。否则，笔者可真是罪过不小。

在此还必须声明，本书对老师、学校和现行的教育体制提出了许多批评，也敬请老师和有关部门原谅。其实，教育工作存在的问题是世界性的问题，其根本原因是人口的增加和就业形势的日益严峻，而考试又是用人单位不可替代的方法，这个问题在中国尤为突出。因此，表面上看问题在老师、学校和现行的教育体制，根源还是在社会经济层面，把问题简单地归咎于老师和教育部门显然有失公平。

佟绍伟

2012 年 1 月

目录

第一篇 开宗明义

一、树立正确的教育理念最为重要 …………………………………… 3

正确的理念就是正确的方向。如果理念不对、方向错误，那么付出的努力越大，成效反而越小。就像是想去哈尔滨，却朝着广州的方向走，其结果必然是，车开得越快，距离哈尔滨就会越远。

二、让快乐成长贯穿人生 …………………………………………… 5

快乐成长就是看自己喜欢看的书，做自己喜欢做的事。俗话说，有钱难买乐意。如果能够做到以所学为乐、以所做为乐，既不用惩罚，也不用奖励，就会发奋努力，全身心投入。

三、构建快乐成长金字塔 …………………………………………… 8

第一层是健壮的体格，第二层是健全的人格，第三层是广博的知识，第四层是高度的智慧，塔尖是专长。没有下面四层的有力支撑，塔尖就不会稳固。

四、不要构建“痛苦成长倒金字塔” …………………………………… 16

如果没有健壮的体格、健全的人格、广博的知识和高度的智慧，专长就无从谈起。

五、圣人无弃人无弃物 ………………………………………………………… 17

“行行出状元”。数理化只是三百六十行中的一行，要让孩子们充分发挥自己的特长，做到人尽其才，物尽其用。

第二篇　通　论

六、慎重对待有关儿童教育的文献和书籍 ………………………………… 21

这些书籍的作者自以为很了解孩子，想当然地创造出一种关于儿童的概念，或者说是创造了自己心目中的儿童，然后发明一套方法来教育他们想象中的孩子。如果家长照搬照抄，只能适得其反。

七、爱孩子才能管好孩子、教育好孩子 ……………………………… 22

只有在感觉父母和老师关心他们、爱护他们的时候，孩子才会心甘情愿地听从老师和家长的劝告，做老师和家长让他们做的事。否则，孩子们就会产生逆反心理，老师和家长让他们干什么，他们偏不干什么。

八、具有爱心和耐心才是好老师好家长 ……………………………… 24

所谓爱心，就是不管孩子如何都要无条件地爱他们。如果说爱心是一颗种子，而耐心就是静静地等待种子发芽、出土、长苗、开花、出穗、结果。

九、表扬可以让白痴变成天才 …………………………………… 25

即使孩子只有百分之一的优点，也要天天表扬这百分之一，而忽略其余的百分之九十九。久而久之，孩子的优点就会越来越多。反之，只会让孩子的缺点越来越多。

十、孩子与大人是平等的主体 …………………………………… 28

在孩子犯错误的时候，要把孩子当成孩子；在孩子未犯错误的时候，要把孩子当成大人。许多人恰恰反其道而行之。

十一、注意表扬“差孩子”的优点，批评“好孩子”的缺点 …… 31

如果对所谓“好孩子”的缺点视而不见，这些孩子就无法适应未来的社会；如果对所谓“坏孩子”的优点视而不见甚至冷嘲热讽，这些孩子就会破罐子破摔。

十二、乱管孩子就会把“花”涝死或烧死 ……………………… 33

不要辛辛苦苦地乱管孩子，免得把“花”烧死或涝死。不但自己辛苦，孩子辛苦，枉费许多金钱，而且效果可能还是负数。

十三、对孩子放任不管就会把“花”渴死或饿死 ……………… 35

不乱管孩子并不意味着放任不管，否则就会把“花”渴死或饿死。孩子就像是父母手中的风筝，不管飞得多高多远，绳子不能断。

十四、坏榜样的力量同样无穷 …………………………………… 36

“榜样的力量是无穷的。”父母要时时刻刻注意自己的言行，不能给孩子树立反面的榜样，孩子身上的毛病要在自己身上寻找。

十五、耐心才能吃好“热豆腐” ………………………………… 37

培养孩子的过程，从某种意义上说，就是考验家长和老师耐心的

过程。只要足够耐心，孩子就一定能将自身的潜力发挥出来，该成为什么样的人才，就会成为什么样的人才。

十六、尊重孩子成长时间表 …………………………………………… 38

每个孩子都有与众不同的特点，都有自己成长的时间表，都有可能成为三百六十行中某一行的状元，让我们带着无限的耐心和美好的期望静静等待孩子的成长。

十七、不怕输在起跑线 ………………………………………………… 40

人生是马拉松，不是百米比赛，不要怕孩子输在起跑线上。在人生的历程中，短暂的领先可能就是夭折，并不意味着终生领先。

十八、早教到底应该教什么? ………………………………………… 42

“望子成龙”、“望子早成龙”是全世界许多父母的梦想，人们对历史上的少年天才总是津津乐道，也总想让自己的后代成为少年天才，可结果总是让父母的愿望落空。

十九、功课好并不能代表一切 ……………………………………… 44

每个孩子都有与众不同的天赋禀性，功课好只是千万种禀赋中的一种，不能仅仅用功课的好坏作为唯一的尺度来衡量评价孩子的价值。

二十、声音和色彩是幼儿成长的两个必备条件 …………………… 45

声音就是语言，色彩就是艺术。没有声音、没有色彩，就没有人类的启蒙，就没有人类的文明成果。因此，要让孩子听最优美的音乐，看最优美的图画和景色。

二十一、中国人的恶习：喜欢逗弄孩子 ……………………………… 47

请你蹲下或者跪下而不是居高临下地让孩子仰着头与你说话，请你首先介绍自己然后再去询问孩子的名字，请你不要随便摸孩子的头，最好主动与孩子握手，请你认真回答孩子的每一个问题。

二十二、学校教育不能成为扼杀个性的摇篮 …………………… 48

每个孩子都有自己与众不同的特点，而目前学校却不顾孩子之间的巨大差异，采用统一的教学大纲、统一的教学计划、统一的课程表、统一的教材，按部就班地开展教学。学校本应该是“百花园”，却变成了“生产线”。

二十三、关注男孩子 ………………………………………… 51

调皮、捣蛋、爱搞恶作剧的孩子都是“坏孩子”，而只有背着手、笔直地坐着，认真听老师讲课的孩子才是“好孩子”。书本说什么就是什么，老师说什么就是什么。如此下去，我们的社会还有什么想象力和创造力。

二十四、作业、考试怎能成为学校教育的全部 …………………… 53

许多小学生每天做作业竟然要到晚上11点，即使节假日每天也要完成近10张数学卷子。除了没完没了的作业和考试，我们的学校究竟能教给孩子什么？

二十五、为什么许多孩子“不行”？ …………………………… 55

只关注学习成绩前几名，对其他孩子不理不睬甚至挖苦打击，只能使许多孩子丧失学习的信心和兴趣，与所谓的“好孩子”的距离越来越远。

二十六、如此为师、为父为母怎么行？ ………………………… 56

有的老师，一方面可以把所谓的“好孩子”“捧杀”，另一方面可以把所谓的“坏孩子”“棒杀”；有的家长，在物质上能让孩子享受死，在精神上能把孩子虐待死。

二十七、孩子不用教，孩子都是教笨的 ………………………………… 58

只要顺应孩子的兴趣爱好，喜欢看什么书就看什么书，不用老师教，孩子自然就会沉浸在书的海洋里。而逼迫孩子做不喜欢做或者不能做的事，老师再费力气，也只能事倍功半。

二十八、养孩子、教孩子都很简单很省钱 ………………………………… 62

粗茶淡饭最有营养，粗布衣裳最环保，顺应兴趣爱好，孩子就会喜欢读书，这是多么简单多么省钱的事！

二十九、教育理念不对，有文化的父母还不如文盲父母 ………… 64

许多父母既有知识又有钱，自以为很懂教育，辛辛苦苦抓孩子学习，结果是事与愿违、南辕北辙。

三十、要不要上大学？要不要留学？ ………………………………… 65

如果没钱却要东挪西借，花费十几万元上大学，花费百万元去留学，可毕业之时就是失业之日，那么这样的投入到底值还是不值？

三十一、把握孩子成长的普遍性和特殊性 ………………………… 67

在孩子的教育方面，最重要的是考虑自己孩子的个性，不要以特殊性代替普遍性，也不要以普遍性代替特殊性。

三十二、走向大自然、走向社会 ………………………………… 70

不论是优美的文学作品，还是科学发明，都来自于大自然的启发和灵感；不论是伟大的政治家，还是著名的企业家，都主要来自于生活实践的磨炼。

三十三、让学校充满歌声、欢笑声和朗朗的读书声 ……………… 73

语言和艺术是启蒙的最佳途径。不幸的是，那动人的歌声、欢笑声和朗朗的读书声却离人越来越远。

三十四、也说“问题孩子”和“孩子逆反” …………………………… 74

孩子想干什么，偏不让干什么；孩子不喜欢干什么，偏要让干什么。到底是孩子逆反，还是老师和家长逆反？是孩子有问题，还是老师和家长有问题？

第三篇　体格篇

三十五、体育课竟然惊动总书记 …………………………………… 79

2007年5月，胡锦涛总书记主持召开中央政治局会议，专题研究青少年体育工作，强制规定每天体育课不要少于1小时，可见青少年体质问题有多么严重。

三十六、青少年时期要完成终生所需的体格储备 ………………… 81

30岁以后已经不适合做剧烈的运动，只能通过有氧运动来保养身体。因此，青少年时期要拼命锻炼，长成健壮的体格。

三十七、体育锻炼与学习相得益彰 ……………………………… 82

四肢发达，头脑不一定简单。世界冠军都有着非常聪明的头脑。只有具备充沛的体力和精力，才能应付人生繁忙的工作和生活。

三十八、幼儿致病的三大因素：撑、捂、兴奋 ………………… 84

过多地食用鸡鸭鱼肉以及过厚的穿着，在孩子体内积存了过多的“内热”，而游戏机、网络、电视等过度刺激，导致孩子过度兴奋，不能充分休息，都是孩子患病的原因。

三十九、掌握孩子打针吃药的基本原则 …………………… 86

能吃中药，就不要吃西药；能吃药，就不要打针；能打针，就不要打点滴。

四十、不要给孩子乱补微量元素 ……………………………… 87

人体需要各种营养元素，并有着固定的比例。哪种营养元素都不能少，但是也不能多。少固然导致疾病，多也会引起中毒。

四十一、不要轻信“多动症” ………………………………… 88

好动是孩子的天性，不要随便给好动的孩子安上“多动症”。也许多动是创造力和想象力的源泉。不是因势利导地利用好孩子的好动，反而通过吃药来限制孩子的好动，可能会埋没一个对知识充满渴望、充满幻想的天才。

四十二、远离垃圾食品 ……………………………………… 90

许多食品中添加了过多的香精、味精、防腐剂等，严重危害孩子的健康。

四十三、鲜奶有利于孩子增高 ……………………………… 91

日本政府在“二战”结束后，实行了课间一杯奶计划，由政府免费为中小学生提供一杯鲜奶。50年后，日本青年的平均身高提高了10厘米。

四十四、远离电视、网络、游戏机 ………………………… 92

一般来讲，孩子能上网，就不会玩游戏机；能玩游戏机，就不会看电视；能看电视，就不会听收音机；能听收音机，就不会看书。

四十五、警惕儿童自然环境缺乏症 ………………………… 93

工业化、城市化将人们与大自然的距离越拉越远，许多孩子患上了“自然环境缺乏症”，注意力不集中、听课不认真、不听指挥、不能完成指定任务等，这些还可能导致孩子暴力和反社会行为。

四十六、救救孩子 …… 95

一位心理咨询师发现，孩子因学习压力大而导致的病症有12种之多：强迫症、恐怖症、焦虑症、抑郁症、早期精神分裂症、考试综合症、学校恐怖综合症等。

四十七、劳动法更应该关注中小学生 …… 96

全社会都非常关注农民工，可是却忽视了一个连农民工都不如的群体：中小学生。许多孩子每天竟然要从早晨6：00熬到晚上11：00。

第四篇　人格篇

四十八、厚德载物 …… 101

管理学界把人才分成四个等级：第一等，有德有才；第二等，有德无才；第三等，无德无才；第四等，有才无德。可见，培养高尚的道德情操何等重要。

四十九、先教做人，后教做事 …… 103

许多世界冠军在评价自己教练的时候，总是深情地说，某某指导总是先教我做人，然后才教我技术和战术。

五十、向孩子灌输正确的观念至关重要 …… 105

从某种意义上说，人活的就是一个观念。面对同一件事，不同的观念会产生截然不同的后果。人生要面对升学、职务升迁、恋爱婚姻、财产增减等许多问题，如果不能以正确的观念面对，那是多么痛苦的一生！

五十一、培养健康的性格比学习成绩更重要 …………………… 106

不会处理人际关系，不懂得人情世故，就会无法面对各种矛盾和问题。虽然年轻时非常优秀，但随着忌妒、恐惧、怨恨、贪婪等不良情绪的滋生蔓延，就会慢慢失去领先的位置。

五十二、让孩子学会宽容 …………………… 108

宽容别人就是宽容自己，宽容自己就会心平气和，心平气和才能正确面对命运的坎坷和不公。

五十三、让孩子学会感恩 …………………… 110

许多人总认为别人亏欠自己，把别人对自己的帮助视作理所当然，内心整天充满着怨恨、忌妒、贪婪的情绪，这不但影响自己的人际关系，还影响自己的身心健康。

五十四、让孩子自信 …………………… 111

越有自信就越会努力，越会努力就越容易成功，越容易成功反过来就越有自信，从而形成良性循环。反之，就会形成恶性循环。

五十五、让孩子坚强 …………………… 113

面对挫折，坚持或退缩往往是成功与否的关键因素。许多天资聪颖、才华横溢的少年之所以半途而废，就在于他们在关键时刻灰心丧气，以至于功亏一篑。

五十六、让孩子勇敢 …………………… 114

一个胆小怕事、贪生怕死的人，说起话来就会吞吞吐吐、前言不搭后语，做起事来就会丢三落四、稀里糊涂，难以冷静、客观地判断形势，不能做出正确的决策。

五十七、让孩子韧劲十足 …………………………………………… 115

除了像英雄一样勇敢、像钢铁一样坚强，还要具有柳条和棉花一样的韧劲，能够忍辱负重，懂得妥协和退让，那些从“文革”中熬过来的人莫不如此。

五十八、让孩子负责 ………………………………………………… 116

只有对自己负责、对家庭负责、对工作负责、对国家负责，才能激发刻苦学习、努力工作的强大动力，才能磨炼出优秀的品格。

五十九、让孩子独立 ………………………………………………… 117

不会洗衣，不会做饭，不会打扫卫生，不会独立思考，只会考试和做作业，这样的孩子跟废物有什么两样。

六十、让孩子会说话办事 …………………………………………… 119

在这个社会，无论是中国，还是外国，能说会道、能言善辩、能够办事实在太重要了，以至于国外有的理工学院也专门开设这方面的课程。

六十一、让孩子掌握礼仪 …………………………………………… 120

废除封建礼教无疑是正确的，但“五四”运动以后特别是“文革”以后，许多人却误把必要的礼仪同封建礼教等同起来。无法想象，没有礼仪的社会会是怎样的社会。

六十二、让孩子学会理财 …………………………………………… 123

读大学也好，读硕士也好，读博士也好，最后还是要就业挣钱。既然如此，为何不从小学习挣钱本领？如果花费22年读完博士，却不能就业，岂不是空转一圈，白忙活一场？

六十三、不能读书挣钱两张皮 …………………………………… 125

古人说："书中自有黄金屋，书中自有颜如玉。"可是，如果读书、挣钱两张皮，不但没有黄金屋、颜如玉，可能还会成为新时代的孔乙已。

六十四、增强孩子适应环境的能力 ………………………………… 126

人来到这个世界，要想活得好、活得开心，就必须尽量适应环境，而不能指望让环境适应自己。否则，就会感到整天诸事不顺，心烦意乱，甚至影响自己的发展。

六十五、美国人怎么看待适应环境 ………………………………… 128

中国人要适应环境，外国人也要适应环境；今人要适应环境，古人也要适应环境。即使所谓崇尚民主、自由的美国也不例外。

六十六、培养孩子的爱国主义精神 ………………………………… 129

如果是曾经漂泊几千年的犹太人，如果是至今仍在四处流浪的吉卜赛人，如果是身在异乡的中国人，如果是屡受侵害的小国人民，就会深深感到国家的重要。

六十七、增加男老师的数量 ……………………………………… 130

女老师的数量已经在校园占据了绝对的统治地位，可要想让孩子豁达、开朗、幽默、勇敢、坚强，男老师必不可少。

第五篇　知识篇

六十八、喜欢学习最重要 ………………………………………… 133

让孩子们学习的目的，不在于孩子学习和掌握了多少知识，最重要的是能够激发孩子对知识的渴望和冲动，让孩子们终生喜欢学习。如果培养出来的孩子是不爱读书的孩子，那我们的教育就是失败的教育。

六十九、快乐学习最轻松 …………………………………… 137

只要让孩子读自己喜欢读的书，学习就是最快乐、最简单的事儿。从某种程度上说，孩子完全可以无师自通。而有些学校却让孩子把学习变成了最痛苦的事儿、最沉重的事儿。

七十、快乐学习最简单 …………………………………… 139

最简单的东西往往是最有用的东西，而最有用的东西往往最不值钱、最容易为人所忽视。让孩子读自己喜欢读的书，孩子就会快乐地学习，这是简单而又省钱的事儿。

七十一、孩子是机动车，不是手推车 ………………………… 140

孩子具有强大的自我学习的潜力，就像是一部自动转动的机器，老师只要当好司机，将机器启动起来就行了。而现在的教育，把孩子变成了手推车，老师则成了人力车夫。

七十二、广博的知识是滋养成长的有机肥料 ……………… 142

当科学家并不意味着只能学科学，当文学家并不意味着只能学文学，当艺术家并不意味着只能学艺术，当冠军并不意味着只能学体育。无论从事什么行业，都要以广博的知识做基础。

七十三、孩子无时无刻不在学习 ………………………… 144

从出生开始，孩子就开始了学习，不要以为只有在课堂上看书本、听老师讲课才是学习。不论孩子做什么，都在感知和认识这个世界。

七十四、让孩子喜欢读书：讲故事和有问必答 …………………… 145

讲故事就是认字之前的阅读，有问必答就是满足孩子对知识的渴望。只有坚持讲故事和对孩子有问必答，才能让孩子慢慢喜欢上学习。

七十五、先感性后理性才是科学教育的正确路线 ………………… 146

首先通过增加对科学产品的感官认识，让孩子逐渐明白学习科学的重要性和必要性，提高孩子学习科学的针对性和有效性。

七十六、科技兴国并不需要人人苦心钻研数理化 ………………… 147

数理化只是三百六十行中的某一行，孩子们的天赋也各不相同，将来真正从事科学行业的只是少数，没有必要人人都苦心学习数理化。

七十七、语文教育不是为了人人都当文学家 ……………………… 149

语文教育的目的主要是培养孩子在日常生活和工作中的语言和文字表达能力，真正从事文学创作和评论工作的毕竟只是少数。

七十八、艺术教育不是为了人人都当艺术家 ……………………… 151

有艺术修养不一定非要勉强、刻意地掌握某种艺术技巧。只要听到音乐、看到绘画感到很美很舒服就可以了。

七十九、小学应不应该写作文 ……………………………………… 153

“读书破万卷，下笔如有神”。等到孩子有了足够的知识储备和积累，自然就会文思泉涌、下笔如神。小学阶段的主要任务是知识储备和知识积累，还没到写作文的时候。

八十、让人看不懂的外语学习 ……………………………………… 154

有必要全民学外语吗？有必要花那么多时间学外语吗？有必要从幼儿园就开始学外语吗？

八十一、行万里路恰似读万卷书 …………………………… 157

“耳闻不如目见，目见不如足践。”多带孩子去旅行，让孩子乘火车、坐飞机，参观名山大川，游览名胜古迹，孩子定会眼界大开。许多欧美家庭甚至借钱也要带孩子旅行。

八十二、不要轻信智商测试，“笨孩子”实际很聪明 ……………… 158

孔子说：“唯上智与下愚不移。”意思是只有极少数天才和白痴不能改变，大部分人都处在中间阶段，智商水平都差不多，可塑性非常强。人与人之间的差异不在智商，而在情商。

八十三、三十年前空欢喜一场 ………………………………… 160

30 年前中美互派考察团，考察对方的小学教育，竟然得出一致的结论：20 年后中国的科技肯定超过美国。然而，事实却让我们很遗憾。

八十四、从以科学教育为主，向以人文教育为主转变 …………… 161

数理化是少数人从事的专业工作，而人文知识无论对谁、无论何种职业都是必须具备的基本素质。只有具备了这些基本素质，才谈得上学习各种专业知识。

八十五、让孩子刺激孩子 ……………………………………… 164

鼓励孩子当众朗诵、演讲、歌唱、表演，其他孩子就会深受刺激，从而激发出自发学习、自动学习、自主学习的能动性。

八十六、感到容易才愿学 ……………………………………… 165

学习的目的不是要把孩子难住，这样只能不断加重孩子的畏惧感和挫折感。久而久之，孩子对学习就会越发失望甚至绝望。孩子只有感到学习容易，才能不断增加自信心。

八十七、不要特意教孩子认字 …………………………………… 166

坚持给孩子讲故事，该用什么词汇就用什么词汇，让孩子的大脑尽量装入各种知识。等到孩子能够认字的时候，孩子就会觉得许多字似曾相识，连蒙带猜，很快完成认字的过程。

第六篇 智慧篇

八十八、读一句顶一万句的书 …………………………………… 171

“真言一句话，假言万卷书”。因此，要读书就读一句顶一万句的书、读一本顶一万本的书，千万不要读一万句不顶一句的书、读一万本不顶一本的书。

八十九、千万不可死读书 …………………………………… 175

俗话说：“尽信书，不如不读书”，“不读书，蠢如猪；死读书，蠢过猪”。鲁迅也说过：“死读书，读死书，最后成了活死人”。

九十、我国现行的科学教育可能使孩子越学越笨 ………………… 177

数理化的定理、公理、公式都是以许许多多的假设条件为前提。离开了这些前提，这些定理、公理、公式就不会成立。可我们教孩子的时候，只是片面强调定理、公理、公式的绝对正确性，却很少强调那些假设条件。

九十一、学学犹太人的《论语》——《塔木德》 ………………… 179

《塔木德》是犹太人的第二圣经，专门阐述智慧。犹太人印刷的《塔木德》，第一页都是空白页，意思是让每一位学习该书的人留下自己的见解和看法。这与我们死记硬背、生搬硬套经典的传统形成了鲜明的对比。

九十二、知识不等于智慧 …………………………………………… 180

各种学说的创始人去世之后，其内部就会逐渐分化出各种学派，互相指责对方是冒牌货，只有自己才是真正的传人。到底谁对谁错，只有靠读者自己去认真思考。

九十三、商人都是有智慧的人 ………………………………………… 182

商场如战场，商情瞬息万变、稍纵即逝，需要当事人随机应变、当机立断。对于随时出现的情况，不可能在哪一本书上找到现成的答案。

九十四、以宽容的态度对待孩子的标新立异 …………………… 183

对于那些伟大的科学家的奇思妙想，我们不知用了多少美丽词汇来赞美。可是，等到我们的孩子提出一些稀奇古怪的问题时，许多老师和家长似乎忘记了这些美丽的故事，毫不留情地斥责孩子胡说八道。

九十五、破除对科学的迷信 …………………………………………… 185

“五四”运动以来，我们一直高喊破除迷信、崇尚科学。不幸的是，崇尚科学的结果，却使我们由对鬼神的迷信逐渐变成了对科学的迷信。我们要时刻牢记，科学不等于正确，科学不怕挑战。

九十六、诵读经典之一：经典是最高智慧 ………………………… 187

提起经典，人们不禁联想到那些摇头晃脑、满嘴之乎者也的迂腐书生，特别是鲁迅笔下的孔乙己。于是，人们就把经典和封建礼教、封建道德等糟粕等同起来。其实，看过原著才知道，经典是最高智慧。

九十七、诵读经典之二：经典是中华民族生生不息的源泉 …… 189

为什么中华民族历经多次异族入侵不但没有灭种反而世世代代生生不息？为什么中国经济在改革开放30年后连续高速增长？就是因

为在每个中国人的血管里流淌着忠孝节义、仁义礼智信等中国文化。

九十八、诵读经典之三：经典是文明的曙光 …………………… 191

经典是古代圣贤如何将人由动物和野兽变成真正的人的学说和理论。圣人据此来教化百姓，将人由出生时的纯粹动物变成真正的社会人。

九十九、诵读经典之四：经典是艺术教育的简捷方法 ………… 193

诵读经典就是音乐教育，因为经典都有着优美的韵律和明快的节奏；书写汉字就是绘画教育，因为每一个汉字就是一幅优美的图画。

一〇〇、诵读经典之五：经典是最好的心理诊所 ……………… 194

疾病多来自于恐惧心、嫉妒心、贪婪心、怨恨心，严格照经典去做，就会化解这些不良情绪。因此，经典是最好的心理诊所，圣人是最好的心理医生，圣人之言是灵丹妙药。

第七篇 专长篇

一〇一、专长不是空中楼阁 ………………………………………… 199

专长必须建立在健壮的体格、健全的人格、广博的知识和高度的智慧之上。否则，专长就成为无源之水、无本之木。

一〇二、顺应兴趣培养特长 ………………………………………… 200

父母和老师要从小细心观察孩子的兴趣、爱好、特长，并有意识培养，最后形成特长。

一〇三、适当的“逼”是需要的 …………………………………… 201

不经过一段时间的品尝，一般人不可能会喜欢吃辣椒、吃臭豆腐。同样，不经过一段时间的尝试，孩子也不知道对所尝试的事物是否有兴趣，因此适当的“逼”是需要的。也许孩子坚持一段时间后，就会慢慢地产生兴趣。

一〇四、不可成为兴趣的奴隶 …… 203

有兴趣是一回事儿，有特长则可能是另一回事儿。如果孩子不是那块料儿，却一根筋地非要成为那块料儿，那么，也许不但成不了那块料儿，还可能变成神经病。

一〇五、成长评分表 …… 205

后　记 …… 207

第一篇

开宗明义

一

树立正确的教育理念最为重要

俗话说“当局者迷”；“不识庐山真面目，只缘身在此山中”。改革开放以来，有关孩子教育的书籍可谓铺天盖地，每一位作者都从不同的角度阐述了有关孩子成长的问题，其中最多的莫过于对提高孩子学习成绩的论述。遗憾的是，笔者尚未看见一本书能够站在高山之巅，透过云雾，为家长清晰地指明孩子成长的正确路线。有关孩子成长的观点各种各样，莫衷一是。有时候家长读的书越多，反而更加困惑，就像堕入庐山的云里雾中，难以找到走出庐山的正确之路。俗话说“不能谋全局者，不足以谋一域”，“不谋长远者，不足以谋一时”。如果我们不能把握孩子成长的全局，不能把握孩子成长的正确方向，付出的努力就会越大，行走得越快，距离正确的目的地越远。就像你本来应该去哈尔滨，却向广州的方向走，你的车开得越快，距离哈尔滨越远。

因此，要教育好孩子的前提是树立正确的教育理念，也就是正确的方向。如果理念不对、方向错误，付出的辛苦越多，成效就会越小。我们惊羡于犹太人如此少的人口却涌现出那么多优秀的人物，我们也惊诧于圣卢西亚600多平方公里的土地上不足14年就诞生了两位诺贝尔奖获得者，我们更不解于13亿人口的泱泱大国自改革开放以来竟然不能出现一位诺贝尔奖获得者。其实，不是因为犹太人、圣卢西亚人比中国人聪明，差距表现在教育理念的不同。

本篇试图能够树立一个正确的教育理念，给困惑的家长们指出培养孩子的正确之路，让你的孩子成长之车悠然自得地正常行驶，也能很快到达正确的目的地。

二

让快乐成长贯穿人生

那么，什么才是孩子成长的正确之路呢？那就是快乐成长。人来到这个世界是为了追求幸福和快乐，没有人愿意为痛苦和烦恼而活着。

然而，可怜天下父母心，为人父母者都希望自己的孩子成龙成凤。不幸的是，能够成龙成凤的毕竟是少数。三百六十行，都要有人去做，不可能人人都是科学家、艺术家、政治家、军事家，总得有人去当工人、农民，总得有人去干“脏、乱、差”的工作，总有领导与被领导之分，而且被领导者总是占大多数。不能说成为这个“家”那个“家”就是成功，而干“脏、乱、差”工作的就不成功；领导别人的就是成功，被人领导的就不成功。衡量一个人成功与否的标准，主要是看他是否以自己的事业为快乐。即使我是个农民，我也是一个好农民，我会快乐地把地种好；即使我是个清洁工，我也是一个优秀的清洁工，我会快乐地把环境打扫得干干净净。这就是成功，这就是幸福。反过来，即使你位尊权重，整日锦衣玉食，却终日烦恼，那也不是成功。

快乐意味着我愿意学我所学习的东西，我愿意干我所干的事情。即使不给钱，我也义无反顾、在所不辞，不管从事什么工作、干什么事业，我都能做得最好。俗语说得好，有钱难买乐意。只要愿意，只要喜欢，没有做不成的事。

国内外研究结果表明，勤奋并不是成功的秘诀，快乐才是成功之道。保持快乐心境的人更乐于尝试新事物和挑战自我，更容易获得事业的成功，更容易建立良好的人际关系并且保持健康的体魄。快乐的人往往收入更高。人们通常认为，只要实现了自己的愿望就会变得快乐，但事实上，快乐的情绪更容易帮助人们实现自己的愿望。快乐让人们更随和、更慷慨、更出成果、更能挣钱和拥有更强的免疫系统。

笔者在一次会上听中国工程院院长徐匡迪说，爱因斯坦曾说过：一个勤奋的人最多只能成为本行业的合格者，很难成为具有想象力和创造力的人；只有热爱本职工作、以本职工作为乐的人，才能真正迸发出创新的活力。

最近科学研究表明，快乐可使人的大脑分泌出一种物质——脑内吗啡，它是一种与真吗啡的化学结构完全一致但功效数倍于真吗啡而却没有任何副作用的物质。有了它，人的头脑会更加冷静，思路会更加清晰和活跃，做起事来自然干劲倍增，一年能做出十年的事来，让人更容易成功。同时，脑内吗啡的分泌，在人的大脑中建立了一座制药厂，有病治病，无病防病。而成年人的疾病十之有九是心病，是因为工作生活的压力太大，是因为各种欲望不能满足，久而久之，抑郁成病，说到底是因为不快乐。

看看我们现在的大部分孩子，哪里谈得上一丝的快乐？大部分孩子所做的事基本上都是家长和老师让他们做的事，往往他们喜欢什么家长和老师却不让干什么，而家长和老师让他们干什么，他们却不喜欢什么。一个人如果整天干着自己不喜欢干的事，终日带着厌烦、无奈，能把所做的工作做好吗？而且，不但工作做不好，还会影响自己的人际关系，还会让人整日感到身心俱疲，久而久之，渐渐患上各种疾病。其实，何止是孩子，我们成年人还不是一样：说起自己感兴趣的话题，就会滔滔不绝、侃侃而谈、目光炯炯；做起自己喜欢做的事，浑身是劲、不知疲倦、满面春色，甚至得不到报酬也在所不惜。而对我们不喜欢的工作，有谁愿意去做并且能做好呢？那些成就非凡的杰出人物，哪一个不是由衷地热爱自己的工作和事业呢？尽管他们不知疲倦地忘我工作，许多人总是精神饱满、干劲十足，寿命超过90岁的比比皆是，年过百岁也不稀奇。阿基米德甚至面对罗马士兵的屠刀平静地说，请让我做完这道几何题，然后再杀我不迟。比尔·盖茨的父亲在总结儿子的成长经历后说：“孩子一开始就需要自由的空间，去获得他们想要的生活。家长不应该以任何方式限制他们的梦想，因为你无法想象当孩子以与你期望的完全不同的方式实现他们自己的梦想时，你将会感到是多么的开心。”

如果一个人一生都处于不快乐的状态，99%会毫无建树，而且身体不会健康。其实，孔子早就说过：“知之者不如好之者，好之者不如乐之者。”意思是，被人逼迫学习的人，不如自己主动学习的人；自己主动学习的人，不如以学习为享受的人。

综上所述，要想让我们的孩子在各自的岗位上成为杰出的人，必须让快乐伴随他们终身，让快乐成为贯穿人生的主线。不要再逼迫孩子做他们不喜欢做的事了，不要再让泪水和哭泣充满孩子的学习和生活中，那样他们就会终生与郁闷、烦恼等情绪做伴儿，成为浑浑噩噩庸庸碌碌的人。俗话说得好，强扭的瓜不甜。

某大学发生的一件事非常有趣：某门专业课考试，竟然有一半的学生不及格。教授很奇怪，就问学生：“你们当中有多少人是自己想学这个专业？又有多少人是在父母的要求下选择了这个专业？”数数举起的手，恰好两类学生各占一半。于是，教授劝不喜欢的孩子改专业，可孩子们坚决不同意：“我妈妈说了，这个专业收入最高，改专业就对不起我的高分了。”

三

构建快乐成长金字塔

人从小到大的成长历程就像建造一座金字塔。笔者认为，这个金字塔总共由五层组成：

第一层：“健壮的体格”。健壮的体格是一辈子最基础的东西。没有健壮的体格如何应付日后越发忙碌的工作？如何承担起日益繁重的家庭负担？如何面对工作和生活中接踵而至的各种压力？生活中有多少人因不堪重负而过早地离开人世，留下妻儿父母撒手而去，令人不胜欷歔？看看那些活跃在各行各业的精英，哪个不是精力充沛、不知疲倦？没有健壮的体格，其他什么都谈不上，健康的身体就是成功的一半。因此，青少年时期最主要的任务不应只是学习，而应注重锻炼身体。小学毕业以前应该以玩为主，中学期间也应该拿出 1/3 甚至一半的时间来玩，大学期间也要保证每天有 3 个小时左右用于身体锻炼，而参加工作以后即使再忙也要学会忙里偷闲。看看我们现在，即使是幼儿园也为孩子们设置了众多的课程，每天户外活动少得可怜。许多中学生甚至每天学习到凌晨 3 点。而参加工作后，许多人整天忙着工作和应酬，哪有时间去锻炼身体？特别是目前风行的“成功文化”，更是让许多优秀的孩子为了追求出类拔萃而把身体健康放在一边，他们长时间睡眠不足或吃得不健康，甚至寝食难安、精神紧张。他们承认自己已经努力到了极限，感到孤独、无奈、惶恐、无法形容的痛苦和心力交瘁。如此下去，怎么能够成功？许多孩子竟然以为上了清华、北大，读了博士就是成功，甚至以为到达了人生的终点。

第二层：“健壮的体格”之上是“健全的人格”。所谓健全的人格就是高度的自信、坚强的意志、百折不挠的韧劲、独立思考和独立生活的能力、吃苦耐劳的精神、说话办事的能力、良好的人际关系、孝敬父母尊敬师长的品格，等等。一个人如果缺乏自信、意志软弱、胆小怕事、害怕失败、人云亦云、依赖别人、不会说话、不会办事、难以共事、不孝敬父母、不尊敬师长，很难想象能够取得成就？即使成为某个行业的精英，十有八九也会成为社会的败类。因此，健全的人格是人才的第一等资质，就人的一生而言，人格比天资、才干更重要。爱因斯坦曾说：“大家都以为造就一位伟大的科学家所需要的是智慧，他们都错了，其实最重要的是品格。”想一想那些各行各业的伟大人物，除了他们具有超常的智慧外，几乎每个人都具备勇敢、坚强、坚韧、自信、宽容的品格。管理学界把人分为四等，第一等人是既有德又有才的人，第二等人是有德无才的人，第三等人是既无德又无才的人，第四等人是有才无德的人。将既有德又有才的人列为第一等可以理解，将有德无才的人列为第二等也可以理解，可为什么将有才无德的人列在既无德又无才的人的后面呢？因为有才无德的人对社会的危害最大。可见，健全的人格是何等重要。

第三层：“健全的人格”之上是“广博的知识”。一个人要想在自己的领域取得非凡的成就，自己的知识范围就不能仅仅局限于自己工作的领域，必须要有广博的知识做支撑。试想想，长大以后要从事数学研究，那么从小就只专注于数学，其他知识就不用学习了吗？当然不是，你还要了解物理、化学、天文等领域的知识，还要学习文学、历史、地理等领域的知识，还要了解社会政治法律制度，还要懂得欣赏音乐、绘画等艺术，等等。因为没有广博知识的支撑，你在数学方面也不会有什么创造力和想象力。说到底，无论一个人将来从事什么行业，都必须以广博的知识做支撑，而不能仅仅局限于自己的专业领域，让广博的知识这一肥沃的土壤为自己的专业发展提供丰富的养料。2003年诺贝尔物理奖获得者是一位英国人，他获得的第一个学位是古典文学学位，大学毕业以后才开始学习物理；2003年诺贝尔物理奖的另一位获奖者是一位日本人，他号称自己的获奖成果来自于《庄子》里的一句话的启发。中国科学院有位年近百岁的梅花院士，将梅花的室外种植技术从长江流域一直推广到黑龙江流域，声称自己对梅花品种习性的了解主要受益于唐诗宋词。其实，我们不难发现，那些大科学家、文学家、艺术家、将军、政治家等，哪个不是满腹经纶、才华横溢？即便是从事自然科学研究的科学家，对文学艺术、历史、哲学等，无不有着深刻的造诣。爱因斯坦的小提琴竟然达到了乐队首席的水平，华罗庚等老一辈中国科学家都能吟诗作画，说起话来侃侃而谈，写起文章文思泉涌。看看我们现在的孩子，将几乎所有的时间放在了上万道数理化题和五花八门的作业上，放学即做作业，做完作业就得上床睡觉，到了周末和假期，还得上各种各样的补习班，根本没有时间去阅读各种书籍。到了大学，又将主要时间集中于专业学习，而且现在大学的专业越来越细。到了硕士生博士生阶段更是到了极致，主要时间甚至放在了几个主要课题上。许多孩子参加工作以后，由于缺乏广博知识的支撑，在工作中稍微涉及其他学科的知识就不知所措，以至于无法适应工作岗位的需要。为此，应该把孩子从上万道数理化的题海中解放出来，从每学期可怜巴巴的一本语文课本中解放出来，从逼迫孩子分析中心思想、解词造句、写日记写作文的无聊的事中解放出来。让孩子们博览群书，读书破万卷，争取在高中毕业之前把经史子集、唐宋散文、唐诗宋词元曲、明清小说、近现代名家著作以及外国名家作品都浏览一遍，有的还要烂熟于心。我们的孩子将来要分布在各行各业，真正从事数理化等科学工作和从事文学创作、文学评论的人毕竟是极少数，而我们学校课程恰恰是为这些极少数的孩子而设置的，让那些日后不从事数理化工作和文学创作、文学评论的绝大多数孩子，陪着这些极少数孩子学习数理化、文学创作和评论。试想想，我们工作以后有多少行业能用上数理化？一般来说物理和化学基本没用，数学能会加减乘除也就可以了。而绝大多数的工作却要求你会说、会写、会办事。可是有多少人高中毕业甚至大学毕业以后，写起文章竟然还是驴唇不对马嘴，说起话来前言不搭后语。一是因为书读得太少，二是我们的作文课程几乎把所有时间都放在了记叙文、抒情散文、议论文上，结果许多孩子大学毕业以后连简单的求职信、个人简历都不会写，工作以后更不知道如何书写调研报告、法律文书、政府文件、法律条文等日常需要的文种。还是那句话，长大以后成为文学家、评论家的毕竟是少数，对大多数人来说，一旦踏入社会，用处最多的还是各种各样的公文。退一万步讲，即使将来成为科学家、文学家、评论家，也不能从小到大仅仅局限于数理化的学习和文学的学习，因为如果没有广博的知识做支撑，也无法成为真正的科学家、文学家和评论家。还有，因为书读得少，孩子写不出好作文，我们的学校用什么方法去解决这个问题呢？让小学生去读《小学生作文选》，让中学生去读什么《中学生作文选》。小学生和中学生为什么就不能读名人的作品呢？因此，给我们孩子充分的时间和广阔的空间来尽情享受各种知识的快乐吧，让孩子在日后的工作领域里，在广博的知识的肥沃土壤中长成参天大树。每当我看到书市中铺天盖地的各种适宜孩子阅读的书籍时，实在为现在的孩子惋惜，也为自己小时候无书可读而遗憾。

第四层："广博的知识"之上是"高度的智慧"。积累知识并不是目的，而是要让各种知识相互作用、相互碰撞后产生出智慧的火花。你所学的知识都是别人的观点，即使是真理，你也要认真思考。因为真理要以一定的时空条件为前提，离开了它所依靠的条件，也就不成其为真理了。比如，过去是真理，现在就不一定是真理；在西方是真理，在东方就不一定是真理；等等。知识是固定不变的东西，只有通过智慧并根据不同的时间和空间来具体地加以灵活运用，才能真正对人类和社会有用。因此，学习知识绝不是知识的简单存储和摆放，而是要以知识为原料加上"思考"这一化学制剂，让所学的知识发生化学反应，以产生智慧。如果一个人不假思考、照抄照搬自己所学到的知识，那么他掌握的知识越多，就会变得越迂腐，真正成了鲁迅所说的："死读书，读死书，最后成了活死人。"犹太人也有一本类似于《论语》的书，叫《塔木德》，但犹太人读《塔木德》，并不会因为它是经典，就把它当作放之四海而皆准的真理而不假思索，全盘接受，更不会死记硬背，而是试图从中能够得到启发和感悟，得出自己对世界、对人生的看法，并且锻炼自己根据具体情况处理具体问题的应变能力。因此，所有版本的《塔木德》第一页都是空白页，从第二页才开始编页码，以便让所有看过本书的人在空白页上都留下自己的观点和看法。虽然书中都是圣人之言，但那是圣人先哲们在当时的时空条件下作出的判断和得出的结论，而在你所面临的时空条件下是否仍然正确，需要读者自己独立地进行思考和判断。我们在工作和生活中遇到的问题如何解决，圣人先哲们也不可能为我们一一做好答案，需要我们自己根据具体情况予以解决。而我们的教育早就让我们习惯于家长说的、老师说的、领导说的、专家说的、书本说的、圣人说的都是对的，如果家长、老师、领导、专家等被挑出毛病，就会觉得很没面子，甚至为此恼羞成怒。特别是我们的数理化教学问题更大，数理化的定理、公式、公理都是以若干假设条件为前提，离开了这些假设条件，相应的定理、公式、公理就不成其为定理、公式、公理。而我们的学校从小学到大学，数学老师什么时候强调过这些假设条件？恐怕多数是要求学生将这些定理、公式、公理当作金科玉律死记硬背下来，使这些鲜活的定理、公式、公理硬是变成了一具具僵尸。我们本来想用数理化打开孩子智慧的大门，却让数理化成为桎梏孩子智慧的枷锁。要知道，科学是在不断否定前人成果的基础上才能不断得以进步。因此，在拥有广博知识的同时，必须勤于思考，不断增加自己的智慧。有句话说得好，尽信书不如不读书。还有一句话叫做"不读书蠢如猪，死读书蠢过猪"，虽然有些粗俗，但实在是精彩。

第五层："高度的智慧"之上是"专长"。只有发现并充分发挥每个孩子的兴趣，才能充分挖掘出每个孩子成长的潜力，才能真正做到人尽其才、各得其所、各得其乐。专长不是父母的喜好，也不是父母的梦想。专长是为人父母和为人老师在日常生活和学习过程中细心观察并有意识地予以引导的结果。不能因为自己未能成为音乐家，而非要逼迫孩子去学习音乐；不能因为自己未考上清华、北大，而非逼着孩子去考清华、北大；等等。我过去一位同事的女儿想学幼儿教育，可是她说什么也不同意，可女孩最终还是选择幼儿教育，家长非常生气。然而，若干年后，这个女孩居然成为一位幼儿教育专家，出版了好几本书，还到全国各地四处讲课，该同事的高兴劲儿常常溢于言表。我还有一位过去的同事，其女非常喜欢护理这一行，于是就考上了护理专业，该同事也很不高兴。可若干年后，女儿居然成为护理方面的教授。因此，培养专长最好的方法就是细心观察和发现孩子的长处和爱好，只要不是恶习就不要予以干涉，不能把父母所谓的好恶强加于孩子。只有孩子自己喜欢，才能以此为乐，做好自己喜欢的事，形成自己的特长。正如孔子所说："知之者不如好之者，好之者不如乐之者。"意思是说，被动地接受别人的教育，不如学习自己喜欢的东西，学习自己喜欢的东西，不如以自己的所学为乐。意大利著名儿童教育家蒙台梭利也指出，教育孩子包括内在的激励和外在的激励。所谓外在的激励，一是惩罚，二是奖励，二者都不足以调动孩子的最大潜力。所谓内在的激励，是发现孩子的所爱，鼓励孩子从事自己所喜欢的事情。这样，孩子既不需要奖励，也不需要惩罚，就能全身心地投入到自己所愿意从事的事业中去，做出最大的成就。显然，大多数家长采用的是外在的激励，只能取得事倍功半的效果，甚至产生副作用。

体格、人格、知识、智慧、专长是成长和生存不可缺少的五大因素。健壮的体格、健全的人格、广博的知识、高度的智慧和专长，逐级支撑，最后才能形成人生成长的金字塔。而现在，我们的家长和老师是如此急功近利，眼睛只盯着将来孩子的专长，至于体格的锻炼、情操的陶冶、知识的广博、智慧的磨炼等都被抛在一边，孩子的成长就像竹竿一样，上下一样粗，弱不禁风。可是如果没有体格、人格、知识、智慧的有力支撑，很难想象能够成就什么专长。

其实，对于体格、人格、知识、智慧、专长之间的关系，我们的祖先早就做过深入的思考。孔子曾说过："弟子入则孝，出则悌，谨而信，泛爱众，而亲仁，行有余力则以学文。"意思是只有具备了在家孝敬父母、在外尊敬师长、谨慎而守信、悲天悯人等人格后才谈得上去学习知识，阐明了人格和知识之间的关系。孔子还说："学而不思则罔，思而不学则殆。"意思是光学习不思考就会迷惘，光思考不学习就会耍小聪明。孔子还说："吾尝终日不食，终夜不寝，以思，无益，不如学也。"意思是我整天冥思苦想一件事情而没有什么结果，不如赶快去读有关的书籍。也就是荀子所说的"吾尝终日而思之，不如须臾之所学也。"同样阐述了学习与思考之间的关系。孔子还说："诵《诗》三百，授之以政，不达；使于四方，不能专对；虽多，亦奚以为？"意思是熟读《诗经》三百篇（当时书籍有限，主要就是《诗经》），派他从政为官，却不会处理政务；派他当外交使节，却不能独立办理外交事务；虽然读书很多，又有什么用呢？这实际上阐述了学习、思考与智慧的关系。电视剧《汉武大帝》里，汉武帝称赞霍去病远征大漠百战百胜，同时提醒他也要看看《孙子兵法》。霍去病回答，《孙子兵法》是要看，但它只能用来启迪人的思考而已。光靠《孙子兵法》，怎能打胜仗？兵无常势，水无常形。在战场上，军情瞬息万变，《孙子兵法》里不可能有现成的答案，最重要的还是要求能够随机应变，临阵决断。好一个"兵无常势，水无常形"！好一个"随机应变，临阵决断"！我们在日常工作和生活中，何尝不是这样呢？

仔细地学习《论语》，你会发现，孔子从未把自己当成什么所谓的圣人，他的弟子们也经常对老师的观点进行质疑，对老师不当的行为和言论进行批评，而孔子作为一个心胸开阔的长者和仁者，每一次都能坦然地面对。例如，孔子拜见了名声不好的卫灵公夫人南子后，学生子路很不高兴，孔子发誓说："我如果做了不该做的事，就让老天抛弃我吧。"又如，有个叫陈思败的人问孔子，鲁昭公知礼吗？孔子回答："知礼"。陈思败听后批评孔子，鲁昭公的夫人与鲁昭公为同宗同族，为了娶她，鲁昭公给她改名为吴孟子加以掩饰。如果鲁昭公知礼，谁不知礼？孔子听后连忙说，我真幸运，一有错误，就有人及时地指出来。再如，孔子在周游列国的路上遇到一位隐者，批评孔子四体不勤，五谷不分。孔子不但不生气，还让子路赶快去寻找此人。这才是真正的孔子，一个有血有肉的孔子。而后来的统治者出于统治的需要，非要神化孔子，把孔子的言论断章取义，有用的留下，没用的扔掉，变成不容置疑的金科玉律，让读书人死记硬背。更有甚者，朱元璋因为孟子说了一些不利于统治者的话，竟然命令将孟子的像从孔庙中搬出去。可是，当西方列强的炮舰打开中国大门后，中国有些知识分子却全盘否定中国的传统文化，把中国文化说得一无是处、一文不值。其根源就是光学习、不思考，缺乏智慧，把经过统治者歪曲和割裂的孔孟之道同真正的孔孟思想等同起来，其结果只有盲从。这也正是一些中国人"读书越多越傻"的原因，也是有的人百思不得其解为什么付出的比别人多得多却比别人收入少得多的原因。

以上将人的成长过程比作建造金字塔，为了使读者便于理解，加深认识，我们还可以把该金字塔的各层作如下的比喻：如果我们把一个人的成长比作种庄稼，塔尖就是农作物，那么健壮的体格就是土地，健全的人格就是土壤肥力，广博的知识就是水分，高度的智慧就是阳光。光热水肥条件好的土地，种什么长什么。反之，那些山地坡地只能种植可怜的几种农作物，而且也不一定能长好。具有健壮的体格、健全的人格、广博的知识和高度的智慧的人，不管学什么、做什么都能做好。与之相反的人，则无论做什么都做不好。

四

不要构建"痛苦成长倒金字塔"

在健壮的体格、健全的人格、广博的知识、高度的智慧的有力支撑下，专长才会稳固。而我们现在的某些教育方式恰恰是在建造孩子痛苦成长的倒金字塔：

先说体格的培养。现在许多学校连每天指定的 1 小时体育课都不能保证。笔者常常晚上 10：00 外出散步，看到有的孩子在家长的陪同下，一个人跑步或打篮球，估计是刚做完作业，出来透口气儿。有的学校，学生的近视率几乎达到 100%。

再说人格的塑造。现在许多学校把考试几乎变成了孩子生活的全部，很少关心孩子是否勇敢、坚强、自信、宽容、豁达、感恩、独立、理财等，意志软弱、情感淡漠、缺乏礼貌、不能独立的孩子越来越多。

再说知识的积累。现在许多学校几乎把所有的时间放在几万道甚至几十万道数理化题上，孩子们几乎没有时间去广泛阅读，导致知识面过分狭窄。

再说智慧的磨炼。现在许多学校已经把独立思考放在一边，而愈演愈烈的标准化考试更是将孩子独立思考的动力和能力磨灭殆尽。

如此，就将快乐成长的金字塔颠倒过来，头重脚轻，一有风吹草动，就可能轰然倒下。一些所谓的神童之所以成年后表现平平，有的甚至出现各种精神和心理问题，就是因为缺乏体格、人格、知识、智慧的有力支撑。

五

圣人无弃人无弃物

长久以来，教育所高喊的目标是为未来培养人才。而培养人才的假设就是，只有少数人成才，多数人不能成才；只有成为科学家、文学家、评论家是成才，从事三百六十行的其他工作就不是成才。因此，老师和家长把目光总是瞄在学习成绩好的孩子身上，对这些“天之骄子、时代的宠儿”关爱有加，甚至对他们身上的缺点都视而不见。而对那些成绩平平、不怎么乖巧的孩子则是漠然处之，甚至冷眼相对、冷嘲热讽，对他们身上的优点也不愿给予些许的赞美。于是，我们的学校就出现了所谓的“差生”，所谓的“问题孩子”，把那些不怎么乖巧、不愿意按照老师要求去做的孩子随便冠以“差生”和“问题孩子”。这就完全背离了教育的初衷。教育，尤其是中小学教育的首要目标是育人，是培养出有道德的孩子、快乐的孩子、健康的孩子、有理想的孩子。在此基础上掌握必要的知识和技能，做到厚德载物。使每个孩子学习他们喜欢学习的东西，长大以后干他们愿意干的事情，让每一个人的能力和潜质得到最大限度的发挥，做到人尽其才，人尽其用，成为邓小平所说的“有理想、有道德、有文化、守纪律”的中国特色社会主义的建设者。因此，培养、造就出少数高层次人才固然重要，更重要的是不要忘记对所有人的培养，让教育充分释放出文明教化的功能。

孔子说过，有教无类。老子说，圣人常善救人，故无弃人；圣人常善救物，故无弃物。老子还说，圣人常无心，从而姓心为心。善者，吾善之；不善者，吾亦善之，德善。信者，吾信之；不信者，吾亦信之，德信。其意思也是对所有人的教化培养，使每一个人都能充分发挥出自己的特长和才能，都能为社会所用。

第二篇

通论

六

慎重对待有关儿童教育的文献和书籍

这些文献和书籍的作者自以为很了解孩子，想当然地创造一种关于儿童的概念，或者说是创造了自己心目中的儿童，然后发明一套方法来教育这些他们想象中的孩子，各式各样有关开发孩子智力的书籍等莫不如此。最典型的是，我们设计的各种各样的玩具，成人觉得非常好玩，可到了孩子手里，不过新鲜几天就会弃之不理。同样，许多所谓育儿专家自以为很了解儿童，然后发明设计出各种各样的所谓开发孩子智能的方法和技术。不幸的是，这些人造天才的方法和技术反而弄巧成拙，后来被证明恰恰阻碍了孩子智力的发展。因此，作为家长千万要沉住气，不管一些所谓的教育专家如何忽悠，一定要有独立思考、独立判断的能力，切不可人云亦云，盲目随从，最后落得个鸡飞蛋打、赔了夫人又折兵的下场，父母累得够呛，孩子累得够呛，又白白浪费了许多钱财。其实，说到底，对孩子最好的教育莫过于体格的健壮和人格的健全。没有二者的有力支撑，孩子再聪明又有何用？

当然，对待本书，家长和老师也需持同样的态度。笔者阐述的只是个人的观点，自以为非常正确，但也可能未必。说到底，家长和老师先要学会独立思考。

七

爱孩子才能管好孩子、教育好孩子

孔子说："君子信而后劳其民，未信则以为厉己也；信而后谏，未信则以为谤己也。"意思是，君子只有取得老百姓的信任，才能让老百姓做各种事，否则，老百姓认为你虐待他们；君子只有取得君主或者别人的信任才能劝谏他们，否则，他们以为你在诽谤他们。我们在培养教育孩子的过程中，何尝不是如此呢？孩子只有在他们感觉父母和老师关心他们、爱护他们的时候，他们才心甘情愿地听从老师、家长的劝告，做老师、家长让他们做的事。否则，孩子们就会产生逆反心理，老师家长让他们做什么，他们偏不做什么；不让他们做什么，他们偏去做什么。笔者曾经认识一个家庭，母亲留下了一群孩子撒手而去，最小的孩子因为缺少母爱非常孤僻、偏激、倔犟，父兄们经常责骂他，可是却适得其反、愈演愈烈。只有大嫂能够管他，既不用打，也不用骂。乡亲们都觉得非常奇怪，笔者当时也觉得不可思议。现在终于明白，那是因为只有大嫂最关心他，最疼爱他，从来不责骂他。因此，无论是家长也好，老师也好，一定要将爱融入到培养教育孩子的全过程。无论孩子的情况如何都爱他们。不管孩子长相如何，天资、弱点和缺陷如何，也不管我们的期待如何，还有最难的一点是不管孩子的表现如何，都要无条件地爱他们。正像著名儿童教育专家卢勤大姐所说，用爱的目光注视孩子，用爱的微笑面对孩子，用爱的语言鼓励孩子，用爱的渴望调动孩子，用爱的细节感染孩子，用爱的管教约束孩子，用爱的胸怀包容孩子。尤其作为老师，面对几十个孩子，哪个孩子被多看几眼，就是莫大的鼓励；而不被理睬的孩子，可能就是灰心、就是自暴自弃。许多人可能都有这样的体验：哪一门功课好，常常因为自己喜欢哪门功课的授课老师，因为那位老师和蔼可亲、耐心、幽默、宽容。

八 具有爱心和耐心才是好老师好家长

我们现在评价一个老师主要是以老师的学历和学生的考试成绩作为标准，其实这是最不重要的标准。最重要的标准是四个字："爱心"和"耐心"。爱是春风，爱是夏雨，爱是秋凉，爱是冬天里的阳光，能让枯树发芽、铁树开花。就像上文所说，不管孩子表现如何都要无条件地爱他们。

如果说爱心是一粒种子，而耐心就是静静地等待这粒种子发芽、出土、长苗、开花、出穗、结果。各种植物的发芽、开花、结果的日期各不相同，请不要为早熟而沾沾自喜，更不要为迟迟不熟而焦躁不安。只要您耐心等待，迟早都会绽放出绚烂的花朵，结出累累硕果，也许晚熟的果子比早熟的果子更有味道。如果你非要晚熟的果子与早熟的果子同时成熟，岂不是揠苗助长。而我们的孩子就是各种各样的植物，成熟早晚各不相同，怎么可以要求同时开花、同时结果？

因此，爱心和耐心是老师和家长最重要的品格。如果您没有爱心和耐心，即使您学富五车、才高八斗，也不是合格的老师。

九 表扬可以让白痴变成天才

即使孩子只有1%的优点，也要天天表扬这1%，而忽略其余的99%。这样做的结果是，过一段时间孩子的优点可能就是2%了，以后逐步增加，孩子的优点慢慢就会变成99%。孩子上次考试数学得了40分，这次考试得了50分，对此家长和老师的态度可以分两种：一种是，你怎么就这么不用功、这么不争气，老是原地踏步，真让我失望。一种是，孩子，全班数你进步最快，比上次数学成绩增加10分的，全班只有你一个人。只要你继续努力，下次肯定能取得更大的进步。第一种态度，只能促使孩子越来越差。而第二种态度，就会不断鼓励孩子向前发展。童话大王郑渊洁曾说："鼓励能将白痴变成天才。"反过来，挖苦打击也能将天才变成白痴。记得过去有一句话叫做："说你行，你就行，不行也行；说你不行，你就不行，行也不行。"主要讽刺选人用人上的不良之风。我把这句话改成："说孩子行，孩子就行，不行也行；说孩子不行，孩子就是不行，行也不行。"我的意思是，只要经常由衷地赞美孩子、表扬孩子，不行的孩子也会行；如果整天批评、挖苦、奚落、挑剔孩子，行的孩子也会不行。

在日常生活中，虽然孩子身上的优点有99%，许多家长却视而不见，眼睛只盯住孩子身上的1%的缺点。其结果是，过一段时间，孩子的缺点就是2%了，以后逐步增加，本来好好的孩子可能真就变成了坏孩子。常常听见有的孩子向父母发火："不论我怎么表现，你就是不满意”。还常常见到，有的家长，见到别人的孩子是称赞有加，可一提到自己的孩子就直皱眉头，十分吝啬自己对孩子的表扬和赞美。如果你是这样的家长，你就是不称职的家长，你就会一直带着无奈和失望看着自己的孩子渐渐长大。

某大学教授曾做了一个调查，让孩子们写出自己的5个优点和5个缺点。结果没有一个孩子能写全自己的优点，有些孩子甚至一个优点也写不出来。相反，所有的孩子都写出了自己的5个缺点，诸如粗心、爱说空话、考试成绩不好，等等。对此，《文汇报》发表了朱慧松的文章，题目是《孩子怎么看不到自己的优点?》。现摘录如下：

“这些孩子写不出自己身上的优点，绝不是‘严于律己’、‘讲客气’，而确实是找不出来。之所以会出现这种情况，恐怕是源于其从小就生活在批评和挑剔之中，听到的总是来自于大人严厉的呵斥和质疑之声，久而久之，他们会很自然地觉得自己一无是处、毛病多多。”

“‘不考第一的学生不是好学生’，这是很多家长的口头禅。在这些家长眼中，孩子只有傲视群雄才算是成功，即使是第二也会遭到劈头盖脸一通训斥。孩子考试考了80分，被家长训斥了一通，经过一番努力，第二次考到了90分，本以为能够得到表扬，哪知大人的脸色还是难看：‘你为什么就不能考满分呢?’而就算真考了100分，家长还是会敲响‘警钟’：‘不要骄傲，一次考试算不了什么!’如此一来，孩子再怎么努力，换来的也只是唠叨和数落。而很多孩子的天性，如‘活泼’、‘好奇’等，也会被大人狠批一番，成了‘调皮捣蛋’、‘不懂事’。在一次次的打击之下，孩子又如何去发现自己的优点？难怪现在很多孩子小小年纪便一副心事重重的模样，‘郁闷’成了他们最爱说的一句话，因为大人给予他们的压力太大了，却又吝啬得不愿意给予哪怕一丁点儿的肯定。”

“孩子眼中看到的全是自己的缺点，这对其成长无疑是不利的。他们会逐渐变得自卑而敏感，更可能丧失奋斗的动力，怨天尤人，自暴自弃，反正自己没优点，还这么努力干嘛？与此同时，看不到自身优点的人，也难以看到他人的优点，无意之下会埋下怨恨、忌妒的种子。”

“很多人感叹，咱们的孩子缺乏自信，总觉着自己是最差的，症状不在孩子身上，症结恐怕还是在大人那里。大人粗暴地奚落、讥讽、挖苦，只能使孩子幼小的心灵一次次遭受打击。”

笔者的儿子刚刚上学时也遇到了同样的问题。有一次，老师在作业中要求将自己的优点和缺点分别写出来。儿子认真地写了自己的许多缺点，但对自己的优点却只字未写。我问他为什么不写，他说我没什么优点。我说，儿子，你有那么多优点，比如爱读书、口才好、有礼貌，等等。他说，那不是优点。我问为什么不是优点，他说因为我学习不好。还有一次，老师要求对班里 4 个同学和自己进行评价。儿子列举了 4 个同学的各种优点，但轮到自己时，他什么也不写。我问他为什么不写，他说我没什么优点，因为我学习不好。我原来以为是不是老师总批评我儿子，其实没有，只是因为老师整天表扬那几个学习好的孩子。

将心比心，如果家长和老师在单位，整日受到上司的挑剔和责怪，一定会情绪低落，弄不好也会破罐子破摔，何况我们那样小的孩子呢？因此，家长和老师不要再对孩子施行那些“心理虐待”,用“你真棒”、“你真聪明”、“你能行”等词汇代替“笨蛋”、“蠢货”、“没出息”等令孩子终生刻骨铭心的词汇。

十 孩子与大人是平等的主体

不管孩子有多小，与大人都是平等的关系。因此，在孩子犯错误的时候，要把孩子当成孩子；在孩子未犯错误的时候，要把孩子当成大人。中国人教育孩子最容易犯的一个错误，就是反其道而行之。在孩子犯错误的时候，动辄大声训斥甚至大打出手。一边打骂，一边指责，你为什么要这样做，为什么这样不懂事。硬是用大人的标准来要求孩子。可是，在孩子没有犯错误的时候，如果孩子与你讨论问题，你可能常常对他不屑一顾，无情地将孩子赶到一边，心想你一个小孩子懂什么。尽管有的家长可能会和颜悦色，但给孩子的答案可能还是“你现在还小，长大了就懂了。爸爸妈妈现在正忙，不要打搅我们”。我们总以为孩子还小，尚不谙世事。于是总是用最简单的语言跟他们交谈，有些家长更是愿用儿语，这是极端错误的，因为它会延误孩子的成长。不管孩子犯错误与否，你跟孩子说话都要像跟大人说话一样，该用什么词汇就用什么词汇，哪怕是高深的科学道理也要照说不误，不管孩子能听懂还是不能听懂。而一旦孩子犯了错误，你一定要冷静地想一想，他们还是孩子，自己在小的时候，可能还不如自己的孩子，即使现在自己成年也会经常犯错误，何况是一个孩子。其实，孩子的成长正是在不断克服无数的错误的过程中慢慢实现的。

关于孩子与大人是平等的主体，美国华裔女童邹奇奇的成长经历最能说明问题。她的父母从未把她当作孩子，所以很少给她讲那些所谓儿童应该听的故事，而是讲所谓只有成年人才懂的故事，不管孩子听得懂或听不懂，能懂多少是多少。邹奇奇 4 岁的时候，就迷上了写作，6 岁的时候就用电脑写了 300 多篇短篇故事，8 岁因出版 12 万字的故事集《飞扬的手指》而轰动美国。

邹奇奇在一次演讲中，首先问听众什么叫幼稚。她说，小孩子常常会被人说成幼稚。每一次提出不合理要求或做出不负责任的行为时，孩子都会被说成幼稚。这让我很不服气。首先，让我们来回顾一下这些事件：帝国主义和殖民主义、世界大战、小布什。请大人们扪心自问，这些该归咎于谁？是大人。而小孩儿又做了些什么？安妮弗兰克对大屠杀强有力地叙述打动了数百万人的心；鲁比布里奇斯为美国种族隔离的终结做出了贡献。这些行为证明，年龄与行为完全没有关系。"幼稚"这个词所对应的特点常常可以从大人身上看到，由此我们在批评不负责任和非理性的行为时，应停止使用这个带有年龄歧视的词。

邹奇奇接着说，话又说回来，谁能说我们这个世界不需要某些非理性思维？也许每位成年人都曾经有过庞大的计划，但半途而废，心里想：这个事不可能，或代价太高，或对我不利。但不管是好是坏，孩子们在思考不做某事的理由时，不太受这些考量的影响。孩子们可能会有满脑子的奇思妙想和积极的想法，而成年人还有几人能保留这份童真呢？在许多方面，孩子们的大胆想象拓宽了可能性边界。例如华盛顿的一个玻璃博物馆有一个项目叫"儿童玻璃设计"，孩子们自由设计玻璃作品。后来，驻馆艺术家说他们所有的一些极佳灵感就来自这个项目，因为孩子们不去理会不同形状玻璃的难度限制，他们只是构思好的点子。因此，孩子们的智慧堪比内行人的知识。孩子已经从大人身上学到很多，孩子也有很多东西可以与大人分享，大人应该开始向小孩子学习。在学校，不应该只是老师站在讲台上，告诉学生做这个做那个，学生也应教育他们的老师，成年人和儿童应该互相学习。不幸的是，现实情况截然不同，这跟缺乏信任关系很大，或者说是缺乏信任的结果。如果一个人不信任另一个人，就会给后者设限。如果贷款人怀疑借款人的偿债能力，就要限制后者再贷款，直到后者还清借款为止。成年人普遍对孩子持不信任的态度，从学校手册里的“不能做这个”、“不能做那个”到学校互联网使用的各种限制性规定，孩子在制定规则方面几乎是没有话语权的。

笔者想，邹奇奇的成长经历和她的一番话，对为人父母者如何与孩子平等相处具有很强的启发作用。

十一

注意表扬“差孩子”的优点，批评“好孩子”的缺点

很多时候，家长和老师都对学习好的孩子宠爱有加，表扬和赞美的话不绝于口，即使孩子有缺点和问题也视而不见、有意回避，甚至把缺点和毛病当作优点来夸。而对学习不好或在其他方面表现不好的孩子，严厉批评和斥责算是客气的，无情地挖苦、讽刺、奚落是家常便饭、司空见惯，即使孩子有什么优点也不愿予以承认，连半句好话也不愿施舍。

结果是，那些老师宠爱、家长喜欢的孩子，伴随着鲜花、掌声、羡慕而成长起来，成年后，虚荣心强、感情脆弱、意志软弱，受不得半点委屈和挫折。许多在学校时的天之骄子，走向社会以后却一事无成。那些经常受到冷落的丑小鸭，如果心理素质好，对那些讽刺、挖苦、奚落能够泰然处之，可能不会出现什么问题，说不定成为他们勤奋好学、努力成才的动力，没准儿真能成为一只美丽的天鹅。但孩子究竟只是孩子，大多数孩子并没有这样的承受力。时间长了，那些讽刺、讥笑、奚落会使他们自甘沉沦、破罐子破摔，等进入社会以后就会成为庸才，甚至是社会的危害。因此，对于“好孩子”，不要将表扬和赞美的话总是挂在嘴边，而要冷静地观察其问题和毛病，并及时予以指出；对“差孩子”，不要总带着烦心和无奈把批评的话挂在嘴边上，更不能有半句伤害孩子的话语。对他们的点滴进步都要及时予

以发现，并大加赞扬和鼓励。伤害孩子的话语，就是冰霜，就是利刃，会让孩子终生刻骨铭心。作为成年人的家长和老师，如果你们在单位经常受到上司的讽刺、挖苦、奚落，会是什么样的感受呢？而一旦受到表扬和鼓励，心情又会是怎样呢？

有关媒体上说，美国的老师和家长教育孩子的方法是，对孩子的优点怎么表扬也不过分，而对孩子的毛病要不予理睬、视而不见。理由是，你越想去纠正，孩子就越做给你看，越想与你对抗。如果你对他不予理睬，等于他的行为无人再给他捧场，他也就不再去做了。我认为这种做法有一定道理，值得我们的老师和家长借鉴和参考。

请各位读者留意：我在本文之中对好孩子、坏孩子都用引号，因为在笔者的眼中，现在学校的好孩子，不一定真是好孩子，而所谓的坏孩子，也不是真正的坏孩子。等读者读完本书，就会明白笔者的意思。

十二 乱管孩子就会把“花”涝死或烧死

喜欢养花又不会养花的人常有这样的经历：自己天天悉心呵护，一会儿浇水，一会儿施肥，可过了一段时间，花不是被烧死，就是被涝死。仔细想一想，你在培养孩子的过程中，是不是也在重复同样的事呢？笔者参加过幼儿园举办的一个讲座。讲课的专家告诉大家，如何提高孩子的智力，比如如何提高孩子的想象力、思考力和观察力等。讲台下面坐着黑压压的人，不但有父母，还有爷爷、奶奶、姥姥、姥爷，甚至还有保姆，会场非常安静，有的还认真地做着记录。讲座结束后，许多父母还围着主讲人问这问那。由此可见，当前人们对孩子的教育是多么重视。可是，许多人的教子之道，是不是与上面提到的不会养花却喜欢养花的人一样呢？我们平时为提高孩子的想象力、观察力和思考力所做的工作，恰恰阻碍了孩子的想象力、思考力和观察力。孩子一来到这个世界，就在一刻不停地观察、思考和想象。他手拿一根草棍，就可以观察、思考和想象一个小时，而我们的家长却会无情地打断他的思考、他的观察、他的想象，而非要让他做家长认为是“正经”的事。有一对夫妇带孩子上街，指着洒水车问孩子这是什么，孩子说是洒路车。孩子的回答多么好，多么有想象力和观察力，是多么值得表扬和鼓励。可是父母却纠正说，那是洒水车。到此为止也就算了。可下次上街问孩子，孩子仍然回答是洒路车，这对夫妇竟然打骂孩子。现实生活中这样的家长还少吗？因此拜托了，我们的父母，你千万不要为提高孩子的想象力、思考力和观察力而做画蛇添足、越帮越忙的事了。因为孩子在日常生活中做的每一件事，都是在观察、在思考、在想象，除非是恶习、是危险的事，父母不要干扰正在聚精会神、全神贯注玩耍的孩子。家长腾出点时间，看看书，睡一会儿觉，甚至打一会儿麻将。如果孩子喜欢，最好经常与孩子玩一会儿。不要再着那些没用的急，上那些没用的火了。这是两全其美的事，何乐而不为。

以上说的是关于孩子心灵的成长。在孩子身体成长方面，我们的家长也在重复同样的事。本来孩子吃好一日三餐、加强身体锻炼就可以了，但许多家长总是给孩子买那些香精、激素、色素等含量很高的垃圾食品，结果孩子有限的肚子都被这些垃圾食品所占据，哪还有地方装有营养的东西。还有的家长，不是忙着给孩子补钙，就是忙着给孩子补什么维生素，个别的甚至导致孩子维生素中毒。不是三伏天怕晒着孩子，就是怕三九天冻着孩子，使孩子成了禁不住风雨的温室弱苗，隔三差五地闹病，三天两头去医院。仔细想想，过去父母都有几个孩子，根本无暇顾及，特别是生活在农村地区的孩子，每天就是漫山遍野地疯跑，渴了喝口河水，饿了在地里挖个地瓜，洗都不洗就往嘴里塞，但个个都长得身强体壮。

十三 对孩子放任不管就会把“花”渴死或饿死

与上述家长正好相反，有些家长总是忘记给“花”浇水施肥，结果“花”不是渴死，就是饿死。这些家长整天忙忙碌碌，不是加班加点，就是各种应酬，根本无暇顾及自己的孩子。把孩子全部交给了爷爷奶奶、姥爷姥姥、保姆、电视、游戏机、网络，甚至以家庭教师代替父母的角色，而自己唯一能做的就是带着无限的歉疚感，无节制地满足孩子的各种不合理的要求，给孩子购买各种各样的“好东西”，对孩子的各种恶习置之不理。更糟糕的是，有的家长一年和孩子交流不了几次，好容易跟孩子说几句话，三句不离学习，不是训斥，就是打骂。更有甚者，有的家长自己不务正业，却对孩子非打即骂、横加指责。在这种情况下，你能指望培养出什么样的孩子呢？一位留美博士开了一家戒网瘾诊所，他首先所做的不是给孩子戒网瘾，而是首先治疗家长的毛病，因为几乎所有上网成瘾的孩子都非常缺乏与父母的交流、缺乏父母的关心爱护，把网络当成自己最好的朋友。听了这位博士的课程，一位母亲毅然决定辞掉工作，天天陪伴自己有网瘾的孩子，与孩子一起学习，一起游戏，孩子与她的共同语言越来越多，逐渐远离了网络，戒掉了网瘾。如果没有母亲的爱，这个孩子可能在网络虚拟的世界里越陷越深，不能自拔。

十四

坏榜样的力量同样无穷

每一个家长都希望自己的孩子是一个有道德的孩子、有修养的孩子，为此许多家长时刻不忘苦口婆心地、喋喋不休地教导孩子，规劝孩子，有的家长甚至为此大发雷霆、火冒三丈，个别的甚至大打出手。然而，在如此“言传”的时候，他们却忘记了最重要的手段，那就是“身教”。在孩子成长的过程中，家长的言行无时不在影响着孩子思想品质的形成，因此父母一定要注意自己的言行，尽力给孩子树立好的榜样，对于孩子存在的问题多在自己身上寻找根源。如果你希望孩子孝敬父母，就好好孝敬你的父母、岳父岳母、公公婆婆；如果你希望孩子具有公德和爱心，请你不要随地吐痰、乱扔纸屑果皮；如果你遇事手忙脚乱，你就不要指望自己的孩子临危不惧；如果你不能面对挫折，就不要苛责自己的孩子意志软弱；如果你自己鼠肚鸡肠，就不要批评孩子心胸狭窄；等等。当然，不可能每个父母都完美无缺，但我们应在抚育孩子成长的过程中，有意识地克服自身的缺点毛病，不断地完善自己、提升自己，与孩子同步成长。

十五

耐心才能吃好“热豆腐”

家长和老师在教育孩子的过程中，除了要有爱心，还需要有无限的耐心。如果每个孩子都像家长和老师期待的那样“懂事”，爱学习，爱劳动，有礼貌，遵守纪律，还要我们家长和老师干什么？孩子学习不认真、不守纪律、成绩不好、不好好学习琴棋书画、见人没有礼貌，就是大发雷霆的理由吗？就是蔑视孩子、讽刺挖苦孩子的借口吗？从小到大，人是在不断克服缺点和错误的过程中成长起来的。请你自己回想一下，你与孩子同龄的时候，在一些方面，是不是可能还不如你的孩子、你的学生？因此，你一定要多一分耐心，少一分厌烦和无奈。然而，时下有几个家长，特别是老师有足够的耐心呢？所谓的好家长，是能把孩子送入名牌大学的家长，至于孩子是否快乐、幸福，是否能够适应未来工作生活的环境，家长很少去关心。所谓的好老师，是那些能够帮助孩子考高分的老师，至于孩子的品德如何却少有问津。过去讲，“经师易得，人师难求”，就是传授知识的老师容易找，可真正够得上老师（具有高尚的品德、教孩子做人）的能有几个人呢？如果能将一个“问题”孩子培养成人，那才是真正的老师。因此，培养孩子的过程，从某种意义上说，就是考验家长和老师耐心的过程。只要有足够的耐心，孩子就一定将自身的潜力最大限度地释放出来。

十六

尊重孩子成长时间表

首先是身体的成长都有各自的时间表。有的孩子身高长得早，有的孩子发育晚。家长总是着急，我的孩子的个头儿怎么就不长呢？于是总追着孩子吃这个吃那个。实际上，等孩子到了高中，该长的个头儿都长了。其次是孩子的智力发育也都有各自的时间表。有的孩子10岁就懂了，有的孩子可能12岁才懂，等到20岁之前，大家的水平基本差不多了。懂得早，并不意味着孩子在这一方面就一定是天才，只是懂得早而已。君不见，中国科技大学少年班的"神童"们，经过学校的"精心教育和培养"，别说出现一个真正的科学家，连一个学科带头人都未出现，倒是培养了许多心理不健康的书呆子。2003年诺贝尔物理奖获得者的第一个学士学位是古典文学学士，拿到学士学位后才开始学习物理，并产生兴趣。郭沫若在中学的时候，某张成绩单的平均成绩只有79分，包括国文、图画在内的三门功课不及格，最差的仅35分。另一张成绩单上，图画、习字的成绩也非常一般，倒是理科的成绩如几何、代数、生理等比较优秀。钱钟书、吴晗的数学成绩分别是15分和零分，照样被清华大学录取。钱伟长高考时，语文和历史都是100分，而物理只有5分，最后被清华大学历史系录取。入学不久，即发生"九一八"事变。满腔悲愤的钱伟长问同学，学什么专业能够救国？同学回答说，学物理可以救国。于是，他立即提出转系申请，结果学校允许他在理学院试读一年。有人对诺贝尔奖获得者进行研究后发现，这些获奖人在幼年、童年、少年时代，并非个个都是出类拔萃的天才、神童，有半数表现得天资平平。因此，千万不要忽视孩子成长的弹性，带着千倍、万倍的耐心，尊重孩子成长的规律，不要总拿自己的孩子与其他孩子比，一百个孩子有一百个特点，有一百个成长的日程表。

十七

不怕输在起跑线

人生是马拉松，不是百米比赛，不要怕孩子输在起跑线上。

但是近年来，早期教育、早期培养早已深入人心。家长们带着望子成龙、望女成凤的心情，满怀热情甚至焦躁地投入到孩子智力的开发上。社会上的各种各样的培训班也随之风起云涌，搅得家长们心神不宁，看着人家的孩子每天忙忙碌碌地参加各种班，再看自己孩子整天在玩，真是心急如焚。媒体上所谓的零岁教育方案、神童方案等，更是推波助澜、火上浇油，家长们更加深信，不能让孩子输在起跑线上。于是，不顾孩子的健康、爱好、天赋、快乐与否，只根据自己的好恶，强行灌输家长认为孩子应该从小学习的东西。不是老早地教孩子背诵唐诗，就是教孩子算术；不是学钢琴，就是学围棋；等等。有的孩子甚至同时参加三四个班的学习。其结果可想而知，孩子一提起学习就深恶痛绝。而且，凭借早期的知识灌输和技能训练，孩子即使取得了领先，这样的竞争优势又能维持多久？许多研究表明，早期教育过度的知识灌输将会扼杀孩子对学习的兴趣，干扰孩子形成正确的学习方法，并最终影响孩子的后续发展能力。这就是为什么很多在幼儿园和小学很优秀的孩子到了高年级每况愈下的根本原因。神经系统科学的最新研究成果也告诉我们，大脑会不停地生长发育直到老年，人终身都可以学习。我国著名生物化学家、营养学家、南京大学生命科学院教授郑集足足活了 110 岁。他 74 岁才开始从事衰老生化机制研究，提出衰老机制的代谢失调学说，为我国衰老生化奠定了基础。他 90 岁才退休，100 岁的时候还坚持到学校工作。

因此，在孩子小的时候，父母应该花更多的时间与孩子说话、唱歌、读书和玩耍，而不是整天逼着他们做作业。

当然，我们不能因此而否认早期教育的重要性。关键是早期教育应该教什么、怎么教，应该尊重孩子成长的规律。健壮的身体、高尚的道德情操、为人处世、独立思考、独立生活，等等，都大大重要于孩子所学的那些知识和技能。当然，知识和技能也不是不能学习，但一定要让孩子学习适合自己年龄段的东西。

十八
早教到底应该教什么？

“望子成龙，望女成凤”自古以来就是许多家庭追逐的梦想，历史上涌现出来的那些天才少年总是被人们津津乐道。为了让自己的孩子成为神童，古人也做了许多令人啼笑皆非的事情。唐朝有个小孩7岁能够熟练掌握四书五经，被皇上赐为进士。许多达官贵人再也坐不住了，竟然将孩子装进筐里，吊在树上，背不完书不能下来。

随着人们收入的不断提高，越来越多的家庭对孩子教育的投资越来越多。于是越来越多的家长从孩子尚未出世，就开始做着孩子的明星梦、神童梦。特别是看见那些所谓的神童，几岁就能写诗、出书，几岁就能通过托福和GRE考试，几岁就能考上大学， 几岁就成了影视明星，让越来越多的家长达成了共识：“不能让孩子输在起跑线上。”于是乎，孩子的教育从怀孕的那一天就开始打响啦！母亲每天要陪着腹中的胎儿听音乐，父亲还要对着母亲的肚子给腹中的胎儿念唐诗、讲故事。孩子出生后，就开始教孩子认字，做各种所谓的益智游戏。3岁以后，就开始学习奥数、英语，上各种各样的培训班。每到周末，各种培训班热闹非凡。常常是一家三口齐上阵，由于无处停车，父亲只能坐在车里等候，母亲陪着孩子上课。上完这个班，再急急忙忙赶往另一个班。在家长们看来，什么都可以错过，学校的课程是绝对不能错过的，即使孩子发烧也要鼓励孩子坚持上课、坚持完成作业，否则被别的孩子落下该怎么办？

其实，当前那些有关孩子早教的方法，不但是徒劳的，更是极其有害的。说得不好听一点，就是我们的家长正在花费大量金钱和大量时间，辛辛苦苦地伤害着自己的孩子，葬送着孩子的健康、快乐和幸福。过去，笔者也非常热衷于早教。后来似乎明白一些，认为数理化、语文等课程的学习等到孩子长大了学习也来得及，但艺术的学习应该越早越好。现在我真正明白了，即使是艺术的学习也不一定越早越好。前段时间遇到一位画院院长，我向他请教，孩子什么时间学画合适？他回答，最早也要 15 岁。我听后大吃一惊。他告诉我，孩子在 15 岁之前，还不具备分辨色彩的能力，中央美术学院院长靳尚谊就是从 15 岁开始学画。20 世纪 90 年代风行一时的诗人汪国真，有很长一段时间消失在人们的视野，后来才知他开始了书法的学习。经过几年的练习，他的书法简直达到了书法家的水平。近年来，经常见诸报端的所谓“神童”，长大后许多人也未见有什么出息。因此，急急忙忙地让孩子过早地学习知识和技能，实在是没有什么用处，因为孩子在这个时候还没有学习能力。

那么，到底要不要早教？笔者认为，如果非要说什么早教，那么最好的早教就是，父母无条件地爱自己的孩子，带着无限的爱心和耐心等候孩子的成长，不拿自己的孩子与人家的孩子比，尽量拿出时间跟孩子玩耍、给孩子讲故事、耐心回答孩子的每一个问题，在日常生活中发现和培养孩子的爱好、兴趣和特长，鼓励孩子看自己喜欢看的书、做自己喜欢做的事，允许孩子失败、允许孩子犯错误，不断给孩子注入自信、勇气、坚韧、豁达、宽容、感恩等优秀品格，说到底真正的早教就是体格的锻炼和人格的培养。

十九

功课好并不能代表一切

每个孩子都有与众不同的天赋秉性，因此不能仅仅用功课的好坏作为唯一的尺度来衡量评价孩子的价值。

记得小时候，有的同学真是“太笨”了，每当考试动辄就是零分。可是这些同学编个筐、编个篓、做个木匠活、修理个半导体等，都非常厉害。现在才明白，每个人都有自己的天赋，只要引导得当，都会在自己热爱的事业中做出非凡的成绩。像这些同学，如果培养得当，说不定就会成为艺术家、科学家。而我们的学校教育仅仅局限于那几门功课，功课好的，就是好学生。否则，就不是好学生。社会有三百六十行，功课好只是其中的一行，怎么能仅仅以功课的好坏来衡量学生的价值呢？难怪有人将现在的学校比作砖厂，昼夜不停地重复生产着同样的产品。而我们的社会是由千千万万种行业构建而成的，哪一行都不可或缺。因此，我们的学校应该从砖厂变成百花园，让孩子们不同的天赋绽放出五颜六色的花朵，迎来万紫千红的春天。

尊重并充分发挥孩子的禀赋，就应像传统中医治病一样，根据病人们各自的病情，开出不同的处方。而现行的教育恰似西医，不管病人之间病情的差别，而开出同样的处方。大部分学校对所有孩子采取同一种教育模式、采取同一种评介标准，也就可想而知了。

二十 声音和色彩是幼儿成长的两个必备条件

常见孩子喜欢拿着东西往地板上摔，为了保护地板或者孩子所摔的东西，你在地板上铺一个软东西，可是孩子非得往硬地板上摔不可。因为孩子就想听那个声音。我每次回到农村老家，开始几天觉着非常安静、非常舒服。可是过不了几天，就觉得寂寞得不得了，特别是晚上村里没有路灯，寂静得偶尔只能听到几声狗叫，就更加不舒服。可见，声音在人们的生命中是何等重要。因此，孩子一出生，你就要让他听世界上最美的声音。什么声音最美？当然是经典音乐，最好是莫扎特的音乐。在西方，有的康复中心就用莫扎特的音乐做智障人的康复，取得了一定成效。可能是莫扎特的音乐节奏比较明快的缘故。除了耳朵，孩子还有一双非常敏锐的眼睛，一出生就时刻在捕捉着新的世界。这时候，你一定要把世界上最美丽的景色让他欣赏。比如，经常看看花鸟鱼虫、优美的绘画和摄影作品，孩子的房间尽量装扮得明亮艳丽。其实我们大人也一样，愿意看到最美丽的东西。能够做到以上两点，孩子就会耳聪目明。

最近看了一本日本人写的书叫《脑内革命》。作者是一名医生，先学中医，后学西医。他用科学的方法证明，右脑是祖先脑，有500万年历史，储存着人类500万年的信息。左脑是自身脑，只有与自己年龄相当的历史。右脑可以分泌出一种伽马波，产生脑内吗啡，让人健康、年轻、快乐、聪明。而右脑的开发恰恰依靠语言和艺术的学习。因此，十二三岁之前，不要着急让孩子去学习数理化，这样急功近利，只能适得其反，事倍功半。

二十一

中国人的恶习：喜欢逗弄孩子

办公室里，如果有人将孩子带来，就会有许多人围拢过来。张三不停地拨弄孩子的小嫩脸，李四不停地嚷嚷着“快叫叔叔、快叫阿姨”，王麻子强行去抱孩子，直到孩子哭闹为止。也许这是国人习以为常的事，似乎表示对孩子喜欢或宠爱，或者是对孩子父母的善意表达。如果看不起孩子父母或者与孩子父母没有交情，兴许根本无人理睬这个孩子。但是我们不得不遗憾地说，这是我们中国人必须予以改正的恶习。因为孩子如果总是这样被成人逗来逗去，就会变得脾气暴躁，就会失去自尊心和责任心。因此，我们一定要平等地对待孩子，要像对待大人一样地对待他们，只有这样孩子才会懂事、才会明理。请你蹲下或跪下而不是居高临下让孩子仰着头与你说话，请你首先介绍自己然后再去询问孩子的名字，请你不要随便地触摸孩子的头，最好主动伸出你的手与孩子握手，请你认真回答孩子提出的问题，等等。久而久之，我们就会发现，原来我们的孩子是这么懂事的孩子。

二十二

学校教育不能成为扼杀个性的摇篮

先说一个寓言：森林里建了一所学校，学生有小鸭子、小兔子和小猴子。上游泳课，小鸭子高兴，小兔子和小猴子不高兴；上赛跑课，小兔子高兴，小鸭子和小猴子不高兴；上爬树课，小猴子高兴，小鸭子和小兔子不高兴。

每个孩子都有自己的兴趣、爱好、特长、天赋、性格，而学校却将他们集中在一个课堂里，听老师在讲台上讲授千篇一律的课程。谁把老师教的东西学得好，谁就是好学生，就会经常得到老师的表扬；学得不好，就会经常被老师批评甚至嘲讽、奚落，甚至被贴上诸如“注意力缺乏”、“多动症”等标签。而家长也会重复学校和老师的做法，孩子学习成绩好，自然扬扬得意，还经常引得亲戚朋友的羡慕和嫉妒。如果孩子学习成绩不好，就唉声叹气，愁眉不展，在亲戚朋友面前没有面子，有的甚至对孩子非打即骂。至于孩子们的爱好、兴趣、特长，都被老师和家长视为不务正业而予以无情地拒绝。久而久之，孩子们的天赋就这样一点一点地被抑制甚至扼杀。

与女孩子相比，学校对男孩子天赋的伤害就更加严重，调皮、捣蛋、爱打架、爱提刁钻的问题等，都被当作恶习而经常受到老师和家长的无情指责和训斥。于是乎，本应该整天漫山遍野疯跑、不是骑马就是射箭、不是上树掏鸟窝就是下河摸鱼的男孩子，都老老实实地像小绵羊似的“圈”在了教室和家里，整天不是做作业就是学琴，不是上奥数就是学剑桥英语，等等，做着老师家长认为应该做的事。于是乎，现在的班干部中女孩是越来越多，男孩子逐渐成了被管制的对象。要是你问男孩子，为什么当不上班干部？男孩子会很自卑地低着头回答，我太调皮了。连男孩子自己都觉着调皮不对，孩子们还能保留多少个性，孩子们的天赋和潜力如何能够得到尽情地发挥？我们的社会非常需要老实本分、脚踏实地的人，但也同样需要充满幻想、充满创造力的人。否则，人类如何进步和发展？我们不能因为牛顿是科学家而对他对苹果落地的疑问当作是爱思考而大加称赞，却对孩子一些离奇古怪的想法和念头斥之为胡思乱想、胡说八道。我曾记得爱因斯坦说过："学校是培养不出天才的。"当时我真是百思不得其解，无论如何也想不通这位科学天才为什么会对学校做出如此的评价。

这个是学校与生俱来的问题，即使在美国这样一个崇尚个性的社会也不能幸免。我看过美国人的一篇文章，题目是"男孩子为什么不行"。该文章说，现在美国 60%~70%的学士、硕士、博士都是女学生，而在有问题的班级，75%以上都是男孩子。各大公司的老总除了个别顶尖的外，也是女人居多。所以美国也在反思自己的教育理念和教育方法，是不是目前这种学校教育不适合对男孩子的培养。有的地方正在考虑重新男女分校，以尽可能地保证男孩子的个性不被抑制、扼杀。

当然，学校不能没有，因为人毕竟是社会化的动物，需要彼此交往。现在越来越多的美国人选择在家教育孩子，我国也出现了这种趋势，我也曾经有过同样强烈的想法。但是，孩子需要知识，同样需要朋友，而没有朋友的人是不可想象的，因为人最重要的是快乐，而贫富贵贱是次要的。既富贵又快乐是最理想的，既贫贱又快乐是最高境界，只富贵不快乐是最常见的，贫贱而不快乐是最痛苦的事。既然学校还得存在，那么我们老师也好，家长也好，就应该尽量有意识地克服、至少尽量地减少学校固有的毛病，尽量保持孩子的个性，充分发挥孩子的特长和天赋，尊重和正确引导孩子的选择，使我们的孩子成为充满幻想、充满创造力的人。

仔细研究《论语》就会发现，孔子对学生的培养特别重视因材施教。他对每位弟子的特点都了然于心，子路的勇敢好胜，子贡、子张、宰我的能言善辩，颜回的安贫乐道，冉有的多才多艺，子夏、子游的文采飞扬，子路、子贡的经商才干，公西赤的外交才能，等等，在《论语》中都栩栩如生、跃然纸上。即使是对同一个问题的回答，也要根据不同弟子的特点，给出不同的答案。这些弟子无论是从政还是经商，无论是治学还是从军，都显示出了非凡的才干。

二十三

关注男孩子

近年来，美国教育界为“男女分班教育”问题展开了激烈的争论，双方各执一词，互不相让。争论的起因是，美国男学生相比于女生竞争力的日益下降。对此，美国媒体以“男孩子为什么不行”、“男孩危机”、“美国男人到哪里去了”等题目予以报道和讨论。据说，“几乎在所有方面，美国的男孩都落后于女孩。在小学，男孩子被认为无学习能力和分配到特教班的可能性是女孩的两倍。在中学，男生在考试中的成绩不如女生。密歇根大学的一项研究显示，表示不喜欢学校的男孩子数量在1980~2001年期间增加了71%。变化在大学校园里表现得最为明显：30年前，大学中男生占58%，而现在这个数字仅为44%。对此，美国社会感到了严重的危机。他们认为，一个没有完成大学学业或没有上大学的青年男性的收入将可能比一个大学毕业生收入的一半还低。他失业的可能性比大学毕业生高三倍，而且他更可能无家可归，更可能找不到伴侣，更可能成为非婚生子女的父亲，更可能离婚，更可能对妻子使用暴力，以及更可能成为国家沉重的经济负担。”为此，美国有关学者不禁反思，是不是目前的教育制度不适合男孩子。于是，美国许多学校开始尝试男女分班，分别根据男孩子和女孩子的特点进行授课，据说取得了一定的成效。但男女分班的做法也遭到许多人的强烈反对。

笔者认为，男孩子不喜欢当前的学校教育，主要原因还是大部分国家的学校，尤其是小学严重抑制和扼杀了孩子的个性，特别是男孩子的个性。每个孩子都有自己的兴趣点，孩子之间差异很大。不顾孩子之间的巨大差异，而把众多孩子圈在一间教室，采用统一的教学大纲、统一的教材，有计划、有步骤地进行整齐划一的教学，孩子们尤其是男孩子怎么能喜欢呢？

据有关媒体报道，我国的男孩危机也很严重。在小学，女生在学习能力、生活自理、人际交往、自我意识等方面的表现都较男生突出。女生在班级或少先队中担任干部的比例远远高于男生。而我国现行的应试教育对男孩子的伤害和禁锢远远严重于美国的情况，应该引起教育工作者的深思。

二十四

作业、考试不能成为学校教育的全部

在学校劳累了一天，孩子一进家门，撂下书包马上就得做作业。做错了，老师要求重做五遍甚至十遍。做完作业，马上就得洗漱上床睡觉。早晨醒来，草草吃完饭，又要匆匆赶往学校。由于教材太多，许多孩子将书包变成了拉杆箱。其他孩子的书包，也由家长代背。到了学校，许多学校竟然不让孩子课间的时候上操场，而只能守在楼道里。有的学校更加过分，甚至不允许孩子在课间的时候离开座位。到了星期六、星期天，家长还要按照学校的要求带着孩子参加诸如奥数班、作文班、英语班、考试冲刺班等培训班。住宅小区里，实在难觅孩子的身影，实在难以听到孩子的欢笑声，见到的只是背着书包、心事重重在路上行走的孩子。暑假的时候，还能见到成群结队的孩子游戏玩耍。到了冬天，连个孩子的影子都难以看到。我经常鼓励孩子出去玩儿，可孩子向窗外一看，哪有伙伴的影子？打电话联系，不是张三正在做作业，就是李四在上奥数班。无奈，儿子只能把时间消耗在电视上。我也辅导过孩子做作业，看到那些无聊的数学题和语文题实在让人气愤，但不做还不行，否则孩子就要受到老师的批评和全班同学的蔑视。一次，因为做错题需要重抄一遍，题量实在太大，我只好代劳，结果整整花费了我一个小时的时间。如果是孩子不知还要花费多少的时间。我的孩子还好，一般晚上九点就可以入睡了。听说有的孩子刚刚上学，每天做作业竟然做到夜里十点、十一点。因此，在孩子的心里无形之中就形成了这样的感觉：我的任务就是做作业，其他事情一律与我无关。如此，孩子还有什么时间去锻炼体格、去培养高尚的人格、去广博自己的知识、去磨炼自己的意志？孩子身体孱弱、不能独立生活、缺乏礼仪、缺乏财商、不知感恩、自私自利、不懂得人情世故也就可想而知了。于是乎，我们的孩子豆芽菜体形越来越多，戴眼镜的越来越多，肥胖者越来越多，自私自利者越来越多，不能独立生活的人越来越多，不能处理好人际关系的人越来越多，不讲礼仪的人越来越多。如果孩子缺乏了这些基本的素质，作业做得再好，考试成绩再高，又有什么用处呢？

二十五
为什么许多孩子“不行”？

孩子上学一年多，我终于明白为什么许多孩子“不行”。如果想要孩子适应现行的教育体制，就得让孩子从小学奥数、学英语，上学后成绩保持在前五名。这样，老师的目光就会整天关注在这个孩子身上，表扬、赞美的话会不绝于口，不用家长跟老师搞好关系，老师会主动与家长搞好关系，因为老师担心这个孩子离开他的班级、离开他的学校。反过来，如果孩子学习成绩总是处于下游，用不着老师批评，只因为老师总是表扬前五名，就会在孩子心里形成非常负面的暗示：我不聪明，我很笨，我不如那些好同学。如果家长沉不住气，再去指责嘲讽甚至打骂孩子，总拿自己的孩子与那些“好孩子”比，更是雪上加霜、伤口撒盐，孩子就会彻底地自暴自弃、破罐子破摔了。可是话又说回来，如果按照现行的教育理念和教育方式，没有健壮的体魄、健康的心理、广博的知识和高度的智慧，即使你的孩子总保持前五名，最后考上了清华北大，又有什么出息？说不准，孩子只是成就“名校”和“名师”的“炮灰”而已。

令人更加忧心的是，被某些称为“校园软暴力”的现象越来越严重：对学习成绩不好的孩子，老师冷眼，同学嘲讽，让这些孩子感到无法容身。这些孩子，要么非常自卑压抑，个别的走上绝路；要么就是成为“小霸王”，变成所谓的“问题孩子”。

二十六

如此为师、为父为母怎么行？

有的老师，一方面可以把所谓的好学生"捧杀"，另一方面可以把所谓的不好的学生"棒杀"；有的家长，在物质上能让孩子享受死，在精神上能把孩子虐待死。

所谓"捧杀"，就是老师总是把关注的目光集中在所谓的好孩子身上，对他们总是赞不绝口、期许有加。而这些"好孩子"为了迎合老师的表扬和赞美，只好把快乐、幸福和健康抛在一边，放弃自己的兴趣爱好，按照老师的期待，把所有的时间都集中在没完没了的作业中，逐渐熬干了自己的精力体力，榨干了自己的情感，精疲力竭，心力交瘁。他们在人生的历程中，虽然赢在了起跑线上，取得了短暂的领先，但在日后漫漫的人生旅途中，就会逐渐落伍，甚至被无情的淘汰。

所谓"棒杀"，就是不用老师整天批评那些所谓的不好的孩子，只因为老师整天表扬那些所谓的好孩子，就会在这些所谓不好的孩子心中形成非常负面的心理暗示：我不行，我不聪明，我智商低。于是这些所谓不好的孩子就会渐渐失去自信，失去自信的结果就是渐渐放弃努力。放弃努力的结果就是孩子的学习成绩越来越差，学习成绩越来越差的结果就是孩子更加没有自信心、更加不去努力。如此形成恶性循环，最后这些所谓不好的孩子可能真就变成了不好的孩子。如果老师再对这些所谓不好的孩子，整天冷嘲热讽，那就更是雪上加霜。

所谓家长在物质上能让孩子们享受死，就是许多家长无休止地满足孩子的各种欲望，衣来伸手，饭来张口，肩不能担担，手不能提篮，四体不勤，五谷不分，不知生活的艰辛，不知道自己将来应当承担的责任。

所谓家长在精神上能把孩子虐待死，就是家长带着望子成龙的焦躁心理，不顾孩子的身体健康，不顾孩子的兴趣爱好，不顾孩子现有的学习能力，不顾孩子之间个体的差异，不顾孩子成长的时间表，完全按照家长自己的喜好，逼迫孩子做家长认为应该做的事，让孩子去实现家长未能实现的理想，让孩子去填补家长的遗憾，如此孩子心理不健康也就可想而知了。

二十七

孩子不用教，孩子都是教笨的

为什么说孩子不用教？成年人都应该有这样的体验：如果孩子通过了识字的关口，能够自己读书，语文课还用老师教吗？他一年可以读几百本书，可我们的学校只让他学习那一本可怜的语文课本，还要逼着他，分析段落大意、中心思想、解词造句。古人说，读书破万卷，下笔如有神。只读一本语文书，而且是白话文，孩子怎么能写出好的作文呢？至于数理化，孩子 7 岁不会，8 岁可能就会了；8 岁不会，9 岁就会了。随着年龄的增长和理解力的逐步提高，不用老师教，孩子自然就会明白，因为人是有灵性的，除非是白痴。很多人可能有这样的体验：毕业几年后再看以前学过的东西，感觉太简单了，我当时怎么那么笨呢？其实，不是你笨，而是当时你的大脑尚未发育到一定的程度，你的理解力还不够。笔者的大学数学都是自己看书学的，因为教我们的数学老师口音太重，所以我就只好自学。新中国成立初期，党和政府将许多老革命送入学校学习，许多人只用几个月的时间就将小学和初中的课程学完了。因此，孩子是不用教的。只要你尊重孩子成长的规律，不急功近利，不拔苗助长，顺应孩子的兴趣爱好，充分发挥孩子的特长，孩子愿意看什么书就让他看什么书，不愿看书愿意动手的你就让他动手，孩子自然就会沉浸在书的海洋里，不用老师教，孩子就会轻而易举地掌握中小学那些课程。有的家长说，孩子就愿意玩，不管怎么能学习好？其实，笔者认为，孩子在小学阶段的主要任务就是玩，一来可以锻炼出强壮的体格；二来可以培养孩子快乐、幸福、健康的人格；三来可以培养孩子的兴趣爱好，发现孩子特长。在此阶段，孩子尚不具备系统学习知识的能力。一般来说，女孩得到十二三岁、男孩得到十四五岁才真正具备学习的能力。当然，每个孩子的情况不同，有的早些，有的晚些。孔子 15 岁才开始学习，曾子 17 岁才开始学习，苏轼的爸爸苏洵 27 岁才开始学习。退一万步讲，三百六十行，行行出状元，如果在孩子玩的过程中，能够发现其爱好兴趣特长并着力加以引导培养，说不定孩子会玩出个什么“状元”来。笔者有次乘坐出租车，司机告诉我，他从小就爱玩鸽子，请教了许多高人，也看了许多有关的书籍。他的鸽子参加全国信鸽比赛经常取得前三名的好成绩，因此他的一对鸽子的种蛋可以卖上几万元。我还认识一位司机，小时候特别喜欢足球，而且成绩很好，并被徐根宝看中，可是父母说什么也不让他踢球，非得整天学文化课不可。结果，文化课没有学好，足球也没有踢成，眼看着那些球友一步步进少年队、青年队和国家队。国美电器的老总黄光裕，14 岁随哥哥到北京经商，后来对资本市场产生了浓厚的兴趣，没用多长时间就自学了有关金融的知识。我想，那些各行各业的精英们，如果从小父母不顾他们的兴趣爱好特长，逼迫他们去做那些数理化题，无论如何也不会取得如此成就，极有可能会变成平庸之辈。

为什么说孩子都是教笨的呢？就是我们的老师家长违背孩子成长的规律，不顾孩子成长的时间表，不顾孩子之间的个体差异，不顾孩子的兴趣爱好和特长，强迫孩子做孩子不能做的事和不喜欢做的事。现在老师留给孩子的作业都是绝大多数孩子无法完成的作业，比如孩子还没有认识几个字，就让孩子做应用题；孩子还不会写字，就要求孩子写作文、写日记，等等。结果肯定是孩子学不好，学不好的结果就是给孩子一种十分负面的心理暗示：我不聪明，我不如别的小朋友，作文好难，数学好难，看来我不是学数学的料，也不是学语文的料。而我们的教育还在不断强化着这样的心理暗示，因为老师教不会，家长就得上阵；家长教不会，爷爷奶奶上阵；爷爷奶奶教不会，那就将孩子送进各式各样的培训班；培训班教不会，那就每小时花500元甚至1000元钱去请一对一的家教。这样，孩子可能彻底绝望了：他会想，我为什么这样笨？老师教不会，家长教不会，爷爷奶奶教不会，培训班教不会，一对一的家教也教不会。如果孩子总是这样想，最后可能真就变成了一个笨孩子。心理学有个理论，就是当一个人对某事有信心，就一定会加倍努力去做，做的结果一定会取得成就，取得成就的结果会进一步增加他的信心，从而形成良性循环；反之，如果没有信心，他一定不愿意去努力，不愿努力的结果一定是不成功，不成功的结果一定是更没有自信心，从而形成恶性循环。因此，写到这里，你可能明白了，为什么笔者会说，孩子都是教笨的了。

下面，是一个孩子自我学习的精彩实例。教育科技研究专家SUGATA MITRA在印度做过一个名为“墙中洞”的实验：他在办公室的墙上钻了一个洞，把一台优质电脑镶嵌在洞里，在旁边放上触摸板，并且联上网络，还在电脑里装上了网络浏览器。不一会儿，在屏幕上看到一个8岁的男孩正在教他6岁的妹妹如何上网。这不由让SUGATA想到一系列问题，这是真实发生的吗？他们与计算机交流没有语言障碍吗？要知道，那些孩子没有一个懂得英文。后来，SUGATA到印度中部的一个村子重复了这个试验。他迎来的第一个孩子是一个刚刚退学的13岁男孩儿。这个男孩儿来到机器面前，把弄了一下触摸板，发现了屏幕的一些变化。要知道，这个孩子在此之前还从未接触过电视，所以过了两分钟，他才明白是自己的操作使得画面发生了变化。他不小心碰到了触摸板上的一个按键，浏览器弹出一个新的页面。8分钟后，他已经学会了上网。后来，他还把村子里的孩子都带到这里，教会了他们上网，等到夜幕降临，已经有70个孩子学会了上网。

后来，SUGATA又把试验带到印度北部的一个村子。由于缺乏英文教师，当地的孩子都没有学过英文。这次走到电脑旁边的更多的是女孩子。因为无法联上网络，SUGATA 就留下 300 张 CD。三个月后，SUGATA 再次光临该村，发现孩子们正在玩电脑游戏，见到 SUGATA 的第一句话是“我们要更快的电脑更快的鼠标！”SUGATA 非常惊讶：“你们是怎么学会的?”孩子们回答：“您只留下英文 CD，我们没有办法，只好自己学啰！”SUGATA 粗略地估计一下，孩子们已经懂得了 2000 多个英文单词。虽然读音有误，但使用非常得当。SUGATA 由此得出结论，语言不是障碍，如果孩子们觉得需要，他们完全可以自学掌握英语。

后来，SUGATA 由于获得资助，就不断扩大试验范围。他感到印度是一个很好的试验场，因为那里有众多不同的民族、种族，以及不同的经济社会发展状况。SUGATA 整整做了五年的试验，足迹几乎遍布整个印度。

最后，SUGATA 得出的结论是，6 岁至 13 岁的孩子，只要有一台能够上网的电脑，就可以自己组织起来，学会这一切，这与任何别的因素都毫不关联。但前提是，这些孩子是以小组的形式来学习。SUGATA 从自己的试验看出，在没有大人的干预之下，孩子们自发组织的学习小组是多么有力量：在试验区孩子的学习曲线，与城市发达地区孩子的学习曲线几乎一致。

从这个实例中可以看出，孩子们自我学习的能力是多么强！而驱动孩子们自我学习的动力就是好奇心，就是兴趣和爱好。

二十八 养孩子、教孩子都很简单很省钱

过去笔者看着别人辛辛苦苦地养孩子、教育孩子，心里特别发憷：吃要吃好的，穿要穿名牌，琴棋书画样样不能少，各种各样的培训班个个不能缺，加起来这是多大的一笔支出。而且，光是花钱还是小事，还要整天起早贪黑、披星戴月地陪着孩子、督促孩子甚至自己先学之后再教孩子。如果孩子不听话，还要跟孩子生气。

后来笔者也有了孩子，随着孩子慢慢长大，自己逐渐明白：不论是养孩子，还是教孩子，都是最简单的事。先说养孩子，其实最有营养的是五谷杂粮，孩子的疾病基本上都是源于鸡鸭鱼肉。因为鸡鸭鱼肉吃多了，就会在孩子体内产生大量的食火，而这些食火只能通过七窍向外排出，于是孩子不是患鼻炎，就是中耳炎、结膜炎、咽炎。笔者就是未能从小管好孩子的嘴，孩子除了鸡鸭鱼肉，其他水果青菜一概不吃，结果不但身体肥胖，还经常生病。还有孩子的衣服，过去的粗布衣裳最环保，现在有些所谓的好衣服，不是甲醛超标，就是富含致癌物。所以说，养孩子用不了多少钱。

再说教孩子。其实，只要顺着孩子的兴趣爱好，尊重孩子成长的时间表，不拿自己的孩子与人家的孩子比，承认孩子之间的差异，充分发挥自己孩子的特长，不用父母督促，孩子就会全身心地投入到学习中去。他想学什么了，会主动要求参加相应的培训班，而且会非常认真主动地学习。我从来没有逼着孩子参加这样那样的班，也从来没

有逼迫孩子做作业。孩子喜欢看什么书，我就给他买什么样的书；孩子喜欢做什么事儿，我就让他做什么样的事儿，当然前提是不能看坏书，不能做坏事。后来，孩子自己想学习书法，我就给他请了一位书法老师。许多经历过的父母都有这样的感觉，钱没少花，累没少受，气没少生，最后却培养了不爱读书不爱学习的孩子。

因此，父母们不要做那些花钱费力不讨好的事儿了，顺着孩子的兴趣爱好特长，让孩子们自由成长吧！

二十九

教育理念不对，有文化的父母还不如文盲父母

现在的教育越来越普及，大学教育几乎已经变成了国民教育，父母的知识水平和文化水平也相应越来越高，当然父母的收入也越来越多，于是重视孩子的教育也就成了天经地义、自然而然的事儿，许多父母还不辞辛苦地阅读有关教育的书籍，自以为很有知识、很有文化，自以为懂得如何教育孩子，然后就照本宣科、如法炮制，认认真真、辛辛苦苦、扎扎实实地狠抓孩子的学习。这种情况在“80后”的父母中尤为突出，这些父母本身深受应试教育之善，却不知反省，对自己孩子的教育更加变本加厉。不幸的是，由于理念错误、方法不对、路径不对，教育的成效只能事倍功半，甚至南辕北辙。

如果是这样，有文化有知识的父母，还不如没文化没知识的父母。虽然没知识没文化，父母只要自己好好做人，勤勤恳恳过日子，除了恶习，对孩子的事儿不横加干涉，尊重孩子的兴趣爱好，承认孩子之间的差异，充分发挥孩子的特长，反而能起到事半功倍的效用。

三十 要不要上大学？要不要留学？

除非家里钱多得无处花，除非孩子毕业以后能不能就业无所谓，否则不论是在国内上大学，还是出国留学，都要考虑投入与产出是否相称。如果一个农民花费十几万元，辛辛苦苦供孩子读完大学，结果毕业之时就是失业之日，那还不如为孩子在股市开一个账户，或者为孩子租一个门面做点小生意。即使全部损失，至少还能为孩子积累一些人生的经验。再或者干脆给儿子盖栋房子，娶个媳妇，在家种点儿地，出外打打工，也能维持一个小康生活。否则，孩子毕业后，留城不能，回乡不成，那该有多痛苦。

再说，许多城市父母东挪西借，至少花费一百万元供孩子出国留学。学成之后，想在国外就业一般很难，而回国之时也是失业之日。如果是这样，同样不如为孩子在股市开一个账户，让孩子在证券市场摸爬滚打；或者为孩子租一个门面，让孩子在商场里历练。即使钱打了水漂儿，至少也能积累一定的人生经验。再退一步，用那一百万元为孩子买上一套房子，将来孩子的生计也不会有多大问题。笔者有位朋友的丈夫经营一家律师事务所，所里雇用了一批小海归，每月工资只有三四千元，可能还不如在国内读书的大学生。因为出国时间一长，孩子对国内的人情世故、风土人情越来越陌生，反而要重新适应环境，工作起来难以得心应手。

因此，到底读不读大学，到底留不留学，要考虑投入产出。笔者认为，如果是学理工科，能够学到一些技术技能，上大学或者出国留学还值得；如果是学习社会科学、边缘科学等软塌塌的专业，读大学或者留学就要慎重考虑，因为现在学校设置的课程基本上都是脱离实际的东西，大部分没有啥用。即使在美国，即使是毕业于生命科学的博士，只有55%的人可以保证获得一个终身聘用的职位，而到2006年这个比例只有可怜的15%。博士的薪酬在欧洲每年5.8万元，而无博士学位的平均年薪是5.53万元；在美国博士年薪平均为6.7万元，这而无博士学位的平均年薪是6.6万元。其实，欧美青年读博士的真正动机是兴趣和爱好，以及志在学术研究。因此，还是应当让孩子尽早进入社会，积累社会经验。读文科类的硕士、博士可在工作中根据实际需要，强化专业类的理论知识。文科的东西只要基础好，本身素质高，完全可以自学。笔者粗通一些四书五经、民法、经济学，都是通过自己看书学习，从未请教过任何人。毛主席曾经说过，我不是反对办大学，我是反对办文科大学。其实，何止是文科，现在的工科教育也越来越脱离实际。2009年11月21日《文汇报》发表了该报记者姜澎的文章，题目是“大学工科教育不改革不行”。文章引用一家著名跨国企业研发总监的话：“我在企业干了10多年研发，先是发现自己在大学里学的那些东西根本就用不上；后来到高校寻找合作伙伴，又发现大学老师们的研发思想和企业根本对不上频道。”由此可见，盲目地花钱上大学、读研究生，不但又耽误工夫又浪费钱财，而且学到的都是一些脱离实际的东西。

有时候，笔者就想，如果我的孩子不是学习理工科的材料，我就不一定让他上大学。可以让他到民营公司里给老总当个秘书，参加公司的日常会议，跟着老板与客户谈判，帮助公司跑跑腿，办理日常事务，业余时间自己有针对性地看点儿书。我想比上大学要好得多。也许在社会上混一年，能比大学“死读”四年书还要管用。

另外，孩子完成留学的学业后，如果不能在国外就业，应该尽早回国。因为出国时间太长，孩子会对国内的环境越来越陌生，与同学朋友的共同语言可能会越来越少，反而不利于孩子就业。

三十一
把握孩子成长的普遍性和特殊性

不管是以特殊性代替普遍性，还是以普遍性代替特殊性，都严重违反孩子成长的客观规律。因此，最重要的是充分考虑自己孩子的个性。

时下，以特殊性代替普遍性的事情比比皆是。一个孩子在音乐、绘画等艺术方面，或者在运动方面，或者在知识的学习方面成为神童，就会深深刺激许多家长的神经。于是，也不管自己的孩子喜欢不喜欢，是不是那块材料，不惜花费大把金钱，花费大量的时间和精力，一相情愿地把孩子送入各种各样的培训班，期望孩子有朝一日也能像别人的孩子一样成龙成风。几年以后却事与愿违，不但竹篮子打水一场空，自己白忙乎一场，而且还培养了不快乐的孩子。

以普遍性代替特殊性的情况也不少见。看见大多数的孩子规规矩矩地坐着听老师讲课，可自己的孩子好像屁股上长了钉子，注意力一点儿都集中不起来，于是就断定自己的孩子得了多动症，接着就是四处求医，给孩子胡乱吃药。这实在是荒唐至极。别的孩子能坐得住，自己的孩子就一定要坐得住吗？好动是孩子的天性，怎么能随便给孩子冠以多动症胡乱吃药呢？又如，看见大多数孩子在一起有说有笑、又蹦又跳、高高兴兴地玩耍，而自己的孩子躲在角落一言不发、安安静静地做着自己的事情，于是就断定孩子得了自闭症，然后心急如焚，四处求医。这同样令人啼笑皆非。别的孩子愿意在一起玩耍，你的孩子也一定喜欢在一起玩耍吗？

每个孩子都有自己的个性和特长，充分利用好孩子的个性和特长，孩子们该成为什么材料自然会成为什么材料。千万不要与别人的孩子攀比，不要用特殊性代替普遍性，也不要以普遍性代替特殊性。

有两个例子特别发人深省。一个是美国著名音乐剧《猫》和《剧院魅影》的舞蹈指导 Gillian。有人问她，当初是如何走上艺术道路的。她回答，当年她在学校的表现几乎令人绝望。那时，老师给她父母写信说："我们认为您的女儿有学习多动症。"后来妈妈带她去看医生。诊断到最后，她被领到椅子上坐下。她把双手压在屁股下，耐着性子坐了 20 分钟。最后，医生对她说："Gillian，你妈妈对我讲了你所有的事情，现在我要与她私下谈谈。"于是，他们就留下她出去了。就在他们离开时，医生拧开了桌子上的收音机。走出房间后，医生对她的妈妈说："就在这儿看着她。"当他们离开后，Gillian 从椅子上站立起来，和着音乐的节拍欢快地移动着轻巧的步伐。在外面观察了几分钟，医生转向她的妈妈说道："夫人，您的女儿不是多动症，她是个舞蹈家，快送她到舞蹈学校吧！"她的妈妈听了医生的话，送她去了舞蹈学校。她说："我无法描述第一次去舞蹈学校时的感觉。我和妈妈走进教室，遇到的都是和我一样的人——都是坐不住甚至站不住的人，只有在身体行动时，大脑才能思考。"好一个只有在行动时才能思考的人！真得感谢那位医生，换了别的医生，或许会给她开几瓶药，教导她要安静下来。

另一个是英国的一位自闭症患者，其名字我已经忘记。幸运的是，他的父母从未将他看作自闭症患者，他喜欢什么就可以做什么，父母从不干涉。突然，有一天，他在课堂上大吼一声："笔"。老师大吃一惊，连忙给他取来纸笔。只见他挥动着手中的笔，不一会就将伦敦的许多建筑画在纸上。以后，只要看见建筑，就能过目不忘，原原本本地画出来。更加神奇的是，他乘坐直升机用 15 分钟观看了 16 平方公里的伦敦老城，然后用了 5 天时间，将伦敦老城的所有建筑一丝不差地画了下来。如今，他已是闻名英国的建筑画家，并开设了自己的画廊，不但能够顺畅地与人交流，独立照料自己，甚至可以独自出国旅游，并将纽约、东京等城市的建筑都画了下来。在这里，我们同样要感谢他的父母。如果他的父母带他四处求医，胡乱给他吃药，总是鼓励他跟其他小孩儿一起唱歌跳舞，他可能真正成了不能独立生活的自闭症患者，并彻底埋没了他的天才。

三十二 走向大自然、走向社会

列宁说："理论是灰色的，而生活之树是长青的。"毛泽东也说过："实践出真知。"邓小平说："实践是检验真理的唯一标准。"如果整天关在教室，远离自然、远离社会，除了书本，还是书本，就不可能从自然现象和社会现象中获得灵感，就不会在自己的学科和工作领域表现出创造力和想象力，就会像鲁迅所说的那样，死读书，读死书，最后成了活死人。如果诗人、散文家没有时间去看日出日落，没有时间去眺望星空，没有时间去看大海、森林、湖泊、草原、沙漠、戈壁、农田，怎么会写出那么多优美的作品？如果作家没有时间深入火热的社会生活中去，怎么能写出震撼人心的千古绝唱？如果科学家没有时间对自然现象作认真细致的观察，怎么能产生那样多的发明创造？牛顿从苹果为什么落地而不是飞向天空中得到启发，发现了万有引力定律；瓦特从跳动的壶盖中得到启发，发明了蒸汽机；因为想让人类像鸟一样飞翔，莱特兄弟发明了飞机；因为手指被树叶边缘的锯齿划破，鲁班发明了锯子；雷达的发明，来自对蝙蝠研究的灵感；一位上市公司的老总发明了一种野外宿营的帐篷，其灵感来自少年时一次野外宿营时遭到蚊子的攻击。最近，美国科学家通过对含羞草的研究发现，含羞草能够改变自身形状，人用肉眼就能实时观察到这种改变。对这一现象的观察有可能引领研究人员设计出具有特殊机械性能的细胞，然后根据需要将这些细胞组织起来，以不同的次序进行控制，用在飞机上，就可以使飞机在飞翔中像鸟儿一样改变机翼的形状。最典型的是，因为受到自然现象的启发，产生了一个专门的学科——仿生学，也就是我们的许多发明创造来自于各种自然现象的启发。

再说走向社会。现在的学校离社会越来越远，孩子从早晨 6 点到晚上 10 点甚至到深夜，不是把自己关在教室里，就是把自己锁在书房里，“两耳不闻窗外事，一心只读圣贤书”，直到大学毕业也没有多少时间去接触社会、去参加社会实践。结果一旦参加工作，就浑身不自在，这个单位不适应，那个单位也不适应，三天两头更换单位，还美其名曰“好马跳槽”，到头来时间逐渐逝去，自己还是两手空空。更有甚者，个别孩子大学毕业后根本不敢去接触社会，整天把自己关在家里，沉溺在网络虚拟的世界里不能自拔。笔者有个同事的女儿，在外地读了 4 年大学，她妈妈陪读了 4 年。毕业至今又过去了整整 4 年，她尚未找到自己的工作，不是上网，就是挎着妈妈的胳膊逛超市，见到叔叔阿姨眼皮一搭拉，连跟人打交道的勇气都没有。

因此，在这里，笔者再次强烈呼吁，让我们的孩子走出教室、走向大自然、走向社会。让浩淼的苍穹、浩瀚的海洋、辽阔的草原、茫茫的林海、碧绿的农田、无垠的沙漠变成孩子们的课堂，让植物园、动物园、天文馆、博物馆、工厂的生产线成为孩子们的课堂，让银行、证券交易所、房地产交易所、饭馆餐厅、百货商场等成为孩子们的课堂。让孩子们去看日出、看日落、看月亮、看星空、看花鸟虫鱼，让孩子们呼吸大自然清新的空气，让孩子们去参加各种各样的社会实践活动，在社会实践中汲取鲜活的知识和营养。要做到这样，现在的课堂教学时间必须要减少。

写到这里，笔者禁不住想起毛主席对“文革”前十七年教育工作的批评。实际上，毛主席之所以批评当时的教育工作，就是当时的教育已经很脱离实际，培养出来的学生大都是不敢大胆质疑、不敢独立思考的“小绵羊”。毛主席要求“开门办学”，要求孩子们加入到火热的“三大革命”的实践中，要“头上长角、身上长刺”，敢于大胆质疑，敢于挑战权威。他老人家还树立了“江西共产主义劳动大学”这个典型，甚至后来矫枉过正，出现了“白卷先生”张铁生。现在想想，当年毛主席对教育工作的批评可谓切中要害、一针见血，只是执行者在贯彻的时候矫枉过正，过分忽视了书本知识的学习。

三十三

让学校充满歌声、欢笑声和朗朗的读书声

我们的学校是越来越安静了，朗朗的读书声已经早已被无数的作业题所代替，那此起彼伏的歌声早已离我们远去，学校乐队也早已成为历史的回忆，孩子们在操场上追逐嬉戏的身影也实在难以寻觅。想想自己小时候经常排练各种文艺节目，学校经常举办各种演出，器乐演奏、独唱、合唱、表演唱、舞蹈、相声、快板样样都让人陶醉；拿着语文课本咿咿呀呀地朗诵课文，参加学校组织的朗诵会，朗诵那些优美的诗篇，更是叫人心旷神怡；篮球、足球、排球、乒乓球、田径运动会更是让人兴趣盎然、乐此不疲。那是多么美好的岁月，学校是多么令孩子向往的地方！从未听说过哪个孩子得了什么校园恐惧症、考试恐惧症等诸如此类的心理疾病。

现在的物质条件比我们小时候不知要好上多少倍，许多学校的设施堪称世界一流，许多家长的收入也非常可观，社会上的各种培训班也是应有尽有，可孩子们却没有时间参加各种体育、文艺活动，没有时间诵读那些传诵千古的文章。想想笔者小时候，农村的学校连一架手风琴都买不起，连一个篮球架子都置办不起，实在为现在的孩子惋惜。

三十四

也说“问题孩子”和“孩子逆反”

是问题孩子，还是问题家长、问题老师？是孩子逆反，还是家长逆反、老师逆反？人们是否认真思考过这个问题？

时下有关“问题孩子”的话题时常见诸媒体，各种各样的探讨也非常热闹，有的学校和老师因为能够善待“问题孩子”而受到褒奖。笔者每次听到“问题孩子”这个词儿就非常不舒服，看到电视上有关专家、老师和家长在夸夸其谈如何解决“问题孩子”的问题时非常反感。笔者不禁要问，到底是孩子有问题，还是家长、老师有问题？孩子出了问题，家长、老师不反思自己，而是将责任推到孩子身上，还为自己能够解决“问题孩子”的问题而感到自豪，真是糊涂至极。实际上，“问题孩子”的问题根本就不在孩子，而是在家长和老师身上：不尊重孩子的兴趣、爱好，逼迫孩子做自己不愿做的事儿，孩子的情绪和热情无处释放，当然就不会像家长和老师所期待的那样乖巧，甚至专门与老师和家长作对，老师和家长就会大失所望，批评、指责甚至挖苦、奚落不断，使得孩子自暴自弃、破罐子破摔，最后可能真正变成了“问题孩子”。而我们的教育采用统一的教学大纲、统一的教科书、统一的教学计划，不顾孩子个体之间的巨大差异，学习成绩好的就是好孩子，否则就不是好孩子，出现所谓的“问题孩子”也就是自然而然的事儿了。如果家长、老师能够充分考虑孩子的个性差异，尊重孩子的兴趣爱好，除了恶习和危险的事儿，孩子喜欢什么就让他做什么，孩子怎么会有时间变成“问题孩子”呢？你想让他有问题都不可能。

还有，就是孩子的所谓逆反问题。明明是家长逆反、老师逆反，却非要说是孩子逆反。为什么说是家长逆反、老师逆反？因为孩子喜欢做的事儿，家长老师就是不允许做，而老师家长要求孩子做的事儿，都是孩子不愿意做的事儿。家长、老师如此逆反，还要反过来责怪孩子逆反，然后再花费大量的人力、物力研究如何解决孩子的逆反问题。于是，解决孩子逆反的结果就是，听从老师和家长劝告的乖孩子，就逐渐变成了不会独立思考、缺乏想象力和创造力的小绵羊（就像毛主席在“文革”时批判的那样）；不听老师和家长劝告的孩子，就逐渐变成所谓的“问题孩子”，破罐子破摔，自暴自弃，甚至有少数人可能会危害社会。

第二篇

体格篇

三十五

体育课竟然惊动总书记

2007年5月，胡锦涛总书记主持召开中央政治局会议，专题研究青少年体育工作，可见青少年体质问题的严重性。政治局会议后，下发了《中共中央国务院关于加强青少年体育增强青少年体质的意见》。该意见指出："近期体质健康监测表明，青少年耐力、力量、速度等体能指标持续下降，视力不良率居高不下，城市超重和肥胖青少年的比例明显增加，部分农村青少年营养状况亟待改善。这些问题如不切实解决，将严重影响青少年的健康成长，乃至影响国家和民族的未来。"上海市教委、体育局和卫生局联手进行的学生体质健康测试调研显示，2007年上海学生的耐力、爆发力、力量素质等指标较5年前有明显下降，肥胖率呈上升趋势，视力不良率更是居高不下，睡眠普遍不足。从医学的角度分析，少儿时期的机能状况往往对成年后疾病的产生造成影响，比如，儿童肥胖极易引发成年后的心血管病；近视会带来成年后的多种眼疾；而睡眠不足则会影响到儿童的智力发展，使免疫力和耐力下降。城市青少年对室外自然条件的适应能力也逐步减弱。在一些超常态气候条件下，学生表现出难以适应。这些都可以从学生的军训情况看出，在室外训练中晕倒的人数日益增加。在我们取得的世界冠军越来越多的时候，广大青少年的体质却越来越差，实在是值得我们深思又深思。

我们每个人不是只活30岁、40岁，而是要活到70岁、80岁、

90 岁，甚至 100 岁。在漫长的人生历程中，我们的每次进步、每一个成就，都必须有健康的身体做保障。而健康的身体，必须在 20 岁至 30 岁之前完成储备。从小没有充足的健康储备，在日后漫漫的人生旅途中，就会渐渐落伍，甚至有被淘汰的危险。如果没有良好的体质，在漫长的人生竞赛中，在 20 岁、30 岁之前的短暂领先能有多大的意义呢？因此，学校和家长多赐给孩子一些体育锻炼的时间吧，别让 100 分把孩子变成 100 岁。

三十六

青少年时期要完成终生所需的体格储备

趁着年轻，让孩子拼命地奔跑、拼命地蹦跳，练就强壮的体格，为以后漫长的人生旅程储备足够的体力和精力。根据科学原理，30岁以后，就不适合从事剧烈的运动。因为剧烈的运动会产生“活性氧”，而活性氧对30岁以后的人体有害，但对30岁以前的青年人则没有害处。30岁以后，只能从事一些和缓柔软的运动，保持好以前打下的体格基础。因此，在这里，我再次呼吁，我们的教育体制、我们的学校、我们的家长，要拿出加倍的时间，让孩子们锻炼身体。耽误学习不是借口。人生的赛跑不是百米比赛而是马拉松比赛，率先到达百米的终点，远未到达人生的终点。只有成功地跑完马拉松，才能真正到达人生的终点。这就看谁有后劲、谁有耐力，如果跑完百米就已经精疲力竭，如何能够顺利走完人生的旅程？更不用说与别人比赛了。锻炼身体，强壮体格，相比于学习更为重要。为了孩子学习好，有的家长给孩子选择了各种各样的培训班。实际上，最好让孩子参加有关体育的培训班，以便健壮体格，锻炼意志，培养自信心。

三十七

体育锻炼与学习相得益彰

“四肢发达，头脑简单”，这是老师、家长批评那些只知玩耍不知学习的孩子的口头禅，还有的人把运动员称为“体育棒子”，其中的贬义大于褒义。四肢发达，就会头脑简单吗？非也，许多体育好的学生，同时也是学习好的学生；那些优秀的运动员，都是特别聪明好学的人。著名乒乓球运动员邓亚萍，球打得非常聪明，退役后学习英语同样十分出色。在申办奥运会的陈述和答辩中，邓亚萍用英语沉着镇定、从容流利地陈述，让人不得不为她精彩的表现大声喝彩。还有姚明、刘翔都特别喜欢读书，个人修养都非常好。体育锻炼体魄，磨炼意志，增强征服困难战胜困难的自信心。对于一个能够取得世界冠军的人来说，还有什么做不好的事呢？当然，有些教练员，只顾运动员出比赛成绩，忽视运动员的文化学习，造成运动员退役后就业困难，生活无着落，也是不对的。美国的大学录取新生时，特别注重考生的体育成绩。

著名教育家张伯苓先生，从 1898 年执教家馆开始，毕生从事教育工作，先后创办了南开中学、南开大学、南开女中、南开小学、南开幼儿园、重庆南开中学、四川自贡蜀光中学等学校，构建了完整的教育体系。张伯苓一直坚持认为，不识体育的人，不应该做校长。教育里没有了体育，教育就残缺不全。只有会玩的人，才能把书读好。因此，直到生命的终点，他都一直十分重视体育，把体育作为教育的根本，坚决反对死读书，想方设法为学生营造充满情趣的教育环境，鼓励学生活泼学习，发展个性，展示特殊才能，积极参加课外活动与体育活动。

南开中学学生的一天是这样度过的：早晨六点半学校摇铃起床，七点钟教师来检查宿舍，查看有无睡懒觉的。其实，绝大部分学生早在此前便起床出现在大操场上了。七点吃早饭，八点正式上课。上课之前有人在教室里看书，更有人抓紧空闲机会拿着篮球去玩一会儿。上午几乎堂堂有课，下午课主要是理化试验和作文，以自修为多。两节课后正是下午三点半，这时教室里几乎看不到学生了，全都到运动场或会所去了。开会的开会，写文章的写文章，唱歌的唱歌，演戏的演戏，锻炼的锻炼，比赛的比赛，体育比赛最多也最热闹。如果训导老师发现三点半后有学生偷偷地躲在教室里做功课，立刻记大过一次。晚饭后七点半上晚自习，九点半后准备休息，十点准备熄灯，有教师到各宿舍巡查一遍。

在南开，没有死读书的学生。尽管不死读书，但由于是完整的教育，南开中学的升学率反倒很高。以 1934 年为例，清华大学录取南开中学学生 22 名，与江苏名校扬州中学并列首位。翻开南开历年毕业的学生名录，你会看到一个个耀眼的名字，周恩来、梅贻琦、曹禺、陈省身、吴大猷、周光召、朱光亚等只是其中杰出的代表。有统计显示，仅 20 世纪 30~40 年代的南开中学毕业生中当选为中国科学院和中国工程院院士的就有 57 位。

三十八

幼儿致病的三大因素：撑、捂、兴奋

孩子在3~6岁之间是疾病的多发时期。三天两头闹病，一闹病就发烧，一烧就是40摄氏度，并且连续几天不退。送到医院，医生好像只会输液，而且输的都是最好的抗生素。在输液的房间，挤满了几十个孩子，门窗紧闭，空气十分污浊，蚊子四处乱飞。搞不好，孩子旧病尚未治好，又被传染了其他疾病。对此，年轻的父母不知所措、精疲力竭。

实际上，现在孩子致病有三个主要原因：第一个也是最普遍的原因是饮食过度，也就是俗话所说的"撑"。现在物质条件越来越丰富，儿童食品花样繁多，令人目不暇接。有关儿童食品的广告更是铺天盖地。年轻的父母们在下班的路上，总不忘顺手给孩子买些好吃的东西。爷爷奶奶姥爷姥姥们也不辞辛苦地端着饭碗追着孩子喂饭。出外做客，主人总不忘给小客人一些好吃的东西。孩子的嘴不停地吃着，肠胃不停地蠕动着。久而久之，过多的热量储存在孩子的体内而不能散发出去，而香精、色素、防腐剂、激素等，也随着儿童食品过量累积于孩子的体内。刚开始，可能没有什么症状，但量变终会导致质变，各种疾病就会缠上孩子。实际上，一个鸡蛋就足以满足孩子每天所需要的营养和热量。

第二个重要原因是孩子穿得过多，盖得过厚，也就是俗话所说的"捂"。大人总是担心孩子受凉，给孩子捂得严严实实，使得孩子身上的热量无法散发出去。俗话说，孩子因凉致病容易治，因热致病则不好治。

第三个原因是过于兴奋。电视、网络、游戏机，让孩子的神经总是处于兴奋状态，占用了孩子的体育锻炼时间，减少了孩子的睡眠，降低了孩子们对疾病的抵抗力。最近听说有一种幼儿疾病叫“神经性咳嗽”，我不知病理，但恐怕与孩子过度兴奋有关，也就是由于该睡的时候不睡、过度疲劳所致。有个老中医曾一针见血地说，孩子应该少吃多睡。而现在的孩子恰恰是“多吃少睡”，经常得病也就可以理解了。

三十九

掌握孩子打针吃药的基本原则

能吃中药，就不要吃西药；能吃药，就不要打针；能打针，就不要输液。孩子在感冒的初发阶段，一般是病毒性的，中医理论认为中药对付病毒比西药更为有效，这时候一定要尽快去看中医，及时给孩子服用中药。如果等到孩子发烧，就形成了细菌感染，再用中药就不如用西药好得快了，因为对付细菌，抗生素更为有效。而经常使用抗生素，人慢慢就会产生抗药性。因此，孩子刚刚感冒不要不当回事儿，不能等到孩子发烧才去看医生。另外，发烧不超过 38 摄氏度，不要给孩子吃退烧药，而是尽量采用物理降温的办法。家长也不能根据自己所了解的一点医学知识，想当然地给孩子服用自己常备的药品，还是要看医生，当然最好多看几个医生。

四十

不要给孩子乱补微量元素

人体需要各种营养元素，各种营养元素之间有着固定的比例，哪一种元素也不能少，但也不能多。少固然可引起有关疾病，多也会导致该种营养元素的中毒，影响其他营养元素的吸收。而现在的媒体广告却在有意无意地误导着人们：孩子容易缺钙、缺锌、缺铁、缺维生素等各种微量元素，应该及时补充。于是商家开发了各种各样的补品，有的声称可以补钙，有的声称可以补铁，有的声称可以补锌，有的甚至声称可以补充多种微量元素。于是，有的年轻父母不管孩子是否真的需要补充某种微量元素，就给孩子服用各种营养补品，以为这样可以有病治病，无病可以防病。结果导致孩子某种微量元素中毒，反而影响了孩子的健康发育。微量元素应该不应该补？答案是，如果确实缺乏，就应该补。怎样才能知道缺乏与否？不能靠父母的主观臆测，也不能靠大夫的简单临床诊断，而必须依靠科学的检测。即使是医院的仪器检测，也不能予以轻信。近年来，有关微量元素的检测手段发展很快，所得到的参照数值各异。经常遇到这样的情况，在不同医院单位检测的结果完全不同。因为有的微量元素检测的方法、仪器、试剂、操作技术不同，结果也不一样。即使同一种方法，同一个孩子，也可因季节、生理状态的不同而得出不同的数值，因而影响诊断和疗效的判定。因此，要想知道孩子是否缺乏某种微量元素，最好多去几家医院，多问几个医生，千万不能自己想当然。

四十一

不要轻信“多动症”

孩子生性好动，少数孩子更是好动得厉害，一会儿都不能安静，整日让老师和家长不得安宁。家长为此经常受到老师的训斥，在人前感到非常没有面子。为此，家长就怀疑孩子是不是患上了“多动症”，四处求医，甚至给孩子吃药。在此，笔者郑重地提醒这些家长，好动是孩子的天性，有时确实让人厌烦，特别是看到别人的孩子表现得那样乖巧老实的时候。但是，厌烦归厌烦，我们一定要冷静再冷静。正如有的孩子非常“好静”一样，你的孩子非常“好动”也不是什么不正常的现象。因为每个孩子都有自己的特点，特别“好动”也许就是你的孩子的特点。千万不能因为孩子好动得让人厌烦而轻易地怀疑自己的孩子患上了什么“多动症”，甚至随便给孩子吃药。是药三分毒，我们平时对药躲闪犹恐不及，怎么能随随便便给孩子吃药？

一位家长在《新民晚报》上介绍了自己孩子的经历，非常引人深思：这个孩子在幼时非常好动，被许多人认为患上了“多动症”。如喜欢拿东西扔人；好端端地会解别人的鞋带；老师在黑板上写字的时候，他会走上讲台问“老师，你在写什么？”弄得大家哭笑不得；要么讲话不断影响他人上课。在老师的一再催促下，家长很不情愿地带孩子去看“多动症”门诊，在半路上遇到朋友。朋友劝家长最好不要去，毕竟药有副作用，会影响孩子的智力。朋友又告诉家长，可以从孩子的兴趣爱好上下工夫，比如，参加绘画、书法等兴趣班，是培养静功的最好办法。孩子家长带着试试看的态度，带孩子参加了绘画、书法等兴趣班。刚开始，孩子总是静不下心来，走来走去，经常被老师指责，孩子又想打退堂鼓。后来，老师在家长的请求下，采取了对孩子多加表扬少点批评的做法，每次评比时，就表扬孩子画得好，使孩子渐渐地喜欢上了绘画和书法。老师又让他参加了一些比赛活动，激发了孩子的积极性。后来，孩子的作品屡屡得奖，促使他更加认真地学习绘画和书法。从此，老师和认识家长的人说，怎么，这孩子像变了一个人似的！后面的事就不多说了，现在这个孩子已经以优异的成绩考入了一所一流大学。

由此可以看出，不要随便给好动的孩子安上什么“多动症”。多动确实让人厌烦，但是多动也许是孩子创造力、想象力的源泉，不是因势利导地利用好孩子的多动，反而通过给孩子吃药来限制孩子的多动，也许我们从此就埋没了一个对知识充满幻想、充满渴望的天才少年。笔者见到有的男孩子，大学毕业以后，性格怯懦，不善交际，老实得一脚踢不出一个屁来，工作成绩也是庸庸碌碌，除了能考试，其他似乎什么都不会。一问家长才知道，这些孩子小时候都是非常调皮的孩子，是家长的棍棒和老师们无情的挖苦，让他们终于“老实”下来。真让人感慨万千，不知说什么好。

四十二

远离垃圾食品

如今的超市，有关儿童的食品可谓种类繁多、琳琅满目，吃起来也是香脆可口。还有那些来自于欧美的快餐食品，特别是那些油炸食品、高热量、高脂肪食品让孩子垂涎欲滴。可是，以上这些食品，包含了太多的香精、防腐剂、味精、色素、激素等，对孩子的发育成长有百害而无一利，由此导致铅中毒的事例越来越多。更有甚者，由于有的人为富不仁，再加上政府有关部门监管不到位，市场上更是充斥了太多的假冒伪劣食品，孩子食后会多么危险。因此，对于市场上的儿童食品大人们一定要谨慎从事，尽量少给孩子购买那些垃圾食品。不管孩子如何哭闹，不管孩子的哭闹搞得你如何难堪，你一定要坚持，并心平气和地向孩子解释，慢慢地孩子就会明白。

四十三

鲜奶有利于孩子增高

日本政府在第二次世界大战后推行了“课间一杯奶计划”，就是由政府出钱，每天在课间休息的时候，让孩子喝一杯新鲜的牛奶。50年后，日本青年的平均身高增长了10厘米。据说，现在日本青年的平均身高已经超过了中国，而且日本青年很少有肥胖者，体形一般都很修长均匀。这几年，据说越南政府也在学习日本的经验，由政府出资推广类似的计划。鲜奶营养丰富，易于消化，有利睡眠，且食后不易肥胖，又有利于孩子增高，确实是很好的东西。

四十四

远离电视、网络、游戏机

孩子沉浸在电视、网络、游戏机中，占用了本属于他们亲近大自然、玩耍、锻炼体魄的时间，严重影响孩子们的身体发育。网络让他们变得沉默、孤僻、自闭，认为外面的世界是那样陌生、那样可怕、那样无情，于是越发沉迷于虚拟的世界里不能自拔；有的孩子甚至经常登录色情网站，迷恋渲染暴力的电子游戏，因此走上犯罪的道路。同时，观看电视连续剧以及一些电视快餐代替了读书读报，严重损害着孩子们抽象思维的能力。因为，读书看报首先要将文字转为图像，然后还要思考，而电视直观的图像省去了思考。久而久之，孩子们就会变成思想浅薄、人云亦云、知识贫乏的人，社会就会失去创新的一代。有的家长从早期教育出发，鼓励孩子尽早学习计算机、学习上网，担心长大再学就来不及了。其实，随着计算机技术和网络技术的不断进步，计算机和网络的使用日益“傻瓜化”，长大了再学完全来得及，不像钢琴、小提琴的演奏需要从小学习。因此，在此郑重建议，家长要严格控制孩子看电视的时间，不要上网和玩游戏。孩子实在要上网，最好有家长的监督和陪同。

根据笔者的体验，孩子能上网就不会玩游戏机，能玩游戏机就不会看电视，能看电视就不听收音机，能听收音机就不会看书。

四十五

警惕儿童自然环境缺乏症

随着工业化、城市化的不断发展，城市规模不断膨胀，把人们与大自然的距离越拉越远。大量的功课以及电视、网络、游戏机、手机和随身听长期占据孩子们的业余时间，使得孩子们与大自然越来越陌生。正因为如此，现在越来越多的儿童患上了“自然环境缺乏症”，最明显的症状是，使用感觉器官次数减少，注意力难以集中，容易患生理和心理疾病。孩子们害怕交通、害怕陌生人、害怕自然，整天只盯着电视里一小群人的活动。国际频道成了悲剧的传播者。我们生活的世界似乎永远处于令人害怕的状态。有的孩子长期生活在网络的虚拟世界里，不愿接近社会，也不愿接近自然，整个白天将自己关闭在房间内，只有在深更半夜，才偷偷溜出房间，看看外面的世界。在这种情况下，不难理解为何父母总是想保护孩子，让他们远离外部世界中各种真实或想象中的危险，自己筑起一个城市里的监狱。“自然环境缺乏症”导致的最严重后果是注意力不集中，表现为上课不认真、不听指挥、不能完成指定任务等，这些毛病还可以导致孩子产生暴力和反社会行为。因此，学校和家长要创造一切条件，让孩子们亲近大自然、拥抱大自然。让孩子们在与大自然接触的过程中锻炼自己的创造力。挖洞、爬树、过河、洞穴探险、爬山等，都是能够充分调动五官、让孩子们在放松状态下集中注意力的活动。研究证明，即使是一扇能够眺望风景的窗户，也有助于稳定情绪。

孔子说：“智者乐水，仁者乐山。”大自然与人的成长有着非常神秘的关系，大山走出来的人淳朴，草原里走出来的人豪爽，青山绿水里走出来的人浪漫，无不证明大自然与人格的密切关系。

四十六

救救孩子

《新民晚报》曾刊登了咨询师余展飞的文章，题目是《学习困难？着急不如找心因》。文中列举了孩子们因学习压力太大而导致的病症有 12 种之多，读来让人触目惊心。多动症及其后遗症；低能或弱智；心理幼稚症；各类神经症，诸如强迫症、恐怖症、焦虑症等；抑郁症等抑郁性情绪障碍；早期精神分裂征；考试综合征；学校恐怖综合征；学习困难症；初春（青春期）综合症；人格障碍；学习动力障碍。

为什么孩子们会患上如此多的疾病？如果我们的教育到了这样的地步，难道还不足以引起我们的家长、老师和教育当局的反思吗？美国一位教育学家说："不要让孩子的心灵装进恐惧、忧虑、悲伤、憎恨、愤怒和不满，这些情绪和情感，有害于孩子的神经，引起身心虚弱。同时，孩子会由于这些情感而得病，影响身体健康。要让孩子寄喜悦于昨天，高高兴兴地进入梦乡，抱着喜悦的希望早起。"

四十七

劳动法更应该关注中小学生

近些年来，农民工群体的劳动条件得到了社会的广泛关注，国家无论是从立法层面，还是执法层面，为改善农民工的劳动条件做了大量工作。可是，我们却忽视了一个连农民工都不如的群体——中小学生。在有的所谓名校，孩子已经成为家长、老师和学校的奴隶。家长要望子成龙，老师要成为名师，学校要成为名校，自然要靠孩子的分数说话。而要提高分数，只有让孩子们从清晨到凌晨，在无边的题海里挣扎。有的学校和老师给孩子留作业简直到了疯狂的地步，孩子连字都还认不全，就被要求做应用题；孩子连字都还不会写，就被要求写作文。明明知道是家长代写的作业、代写的作文，老师也要装作不知而写上“优”。管他谁写的，只要能让我当上先进老师、拿到奖金就行了。笔者一位朋友的孩子，国庆节学校只放 5 天假，竟然要完成 50 张数学卷子。笔者有位同事曾质问孩子学校的校长：你们让孩子做那么多的作业有什么用？该校长竟然这样回答：是呀，我也经常批评那些老师，说什么也要保证让孩子 11：00 睡觉，每天至少应保证孩子 7 小时的睡眠呀！笔者有时候早晨 6：00 出门，总要碰上许多孩子，背着沉重的书包，跟在父母的身后躬身前行。令人更加忧虑的是，那些没有什么名气的学校，也在步那些所谓名校的后尘，逐渐增加了孩子们的作业量。

成人每天也只工作 8 小时，周六周日还要休息。而我们的孩子每天却要工作 12 个甚至 14 个、15 个小时，周六周日也不能休息，这样的劳动强度与农民工的劳动强度相比有过之而无不及，难道我们的劳动法不应该予以关注吗?

在这里，笔者强烈呼吁：切实加强立法和执法，坚决禁止学校留过量的课外作业，保证孩子足够的休息、锻炼和娱乐时间，让我们的孩子快乐健康成长。

第四篇

人格篇

四十八

厚德载物

孔子说过："弟子入则孝，出则悌，谨而信，泛爱众，而亲仁，行有余力，则以学文。"意思是说，一个人只有做到孝敬父母、尊敬师长、谨慎诚信、关爱大众、亲近仁义，才配得上去学习知识。孔子的学生子夏曾问老师："《诗经》上说，迷人的酒窝长在美丽的脸上，漂亮的黑眼珠镶嵌在纯净如水的眼白里，美丽的图画描绘在打好素底的画布上，这是什么意思?"孔子回答："只有在画布上打好素底，才能描绘出美丽的画卷。"子夏说："礼也在道德的后面吗?"孔子说："子夏你启发了我，我现在可以与你讨论《诗经》了。"孔子和他的弟子们说了半天，主要表达了四个字："厚德载物。"酒窝如果不长在美丽的脸上就不会迷人，黑眼珠如果不镶嵌在如水的眼白里就不会漂亮，图画如果不描绘在打好素底的画布上就不会美丽。同样，知识和技能只有建立在道德的基础之上，才能有利于社会的发展。因此，不管从事何种工作、何种职业，首先都必须具有高尚的道德情操。否则，智慧越高，知识越多，专长越突出，对社会的危害就可能越大，各行各业都会不顾职业道德，为追逐金钱心安理得地去做伤天害理的事。管理学界把人才分成四个等级，最好的是既有德又有才的人，其次是有德无才的人，再其次是既无德又无才的人，最差的是有才无德的人。因为，有才无德的人，对社会的危害最大。

我们现在说，某人有学问主要是指他知识渊博，而古人所说的有学问的人，首先是具备高尚的道德情操的人。你有高尚的道德情操，即使是个文盲，你也是有学问；你没有高尚的道德情操，即使你满腹经纶，也不能说是有学问。鲁哀公曾问孔子：“弟子孰为好学？”孔子对曰：“有颜回者好学，不迁怒，不贰过。不幸短命死矣！今也则亡，未闻好学者也。”意思是，鲁哀公问孔子，你的学生谁能称得上“好学”？孔子回答，有一个叫颜回的学生最为好学，因为他不迁怒别人，不重复犯错误。不幸短命死了，现在再也见不到好学的人了。在这里，孔子所说好学的人，显然不是知识渊博的人，而是具有高尚道德情操的人。子夏说过：“贤贤易色，事父母能竭其力，事君能致其身，与朋友交言而有信，虽曰未学，吾必谓之学矣！”意思是说，如果一个人见到贤人能够肃然起敬，赡养父母能竭尽全力，侍奉君主能够不怕牺牲，与朋友相交能做到言而有信，虽然他说自己没有知识没有学问，我也要说他有知识有学问。过去，我们把“读书做官论”归咎于子夏所说的“学而优则仕，仕而优则学”，真是冤死古人。子夏的意思是，只有具备高尚的道德情操的人，才能做官；官做好了，还要不断地加强自己的道德修养，与“读书做官论”恰恰相反。

以上说了一大堆之乎者也的古人言论，无非是要说明，高尚的道德情操是学习知识、掌握技能、开展业务的基础和前提。知识和技能可以在漫长的人生里程中逐渐积累，但一个人的道德品质一旦形成就很难改变。

四十九

先教做人，后教做事

人这一辈子归纳起来只有四个字："做人做事"。所谓"做人"，就是懂得人情世故，就是懂得如何处理人际关系，实际上就是儒家所说的"五伦"：父子、君臣、夫妇、兄弟、朋友之间的关系。一个人如果在处理上下辈分之间、上下级之间、夫妻之间、兄弟辈之间和朋友之间的关系中游刃有余，就会去掉生活和工作中的主要烦恼，为自己的工作和生活创造一个非常宽松的环境，从而能够静下心来从事自己的事业。否则，就会被没完没了的烦恼、怨恨、忌妒、贪婪、恐惧、焦虑等所困扰，就会影响自己的身体和心理健康，就无法全身心地投入到自己的事业中去。因此，必须先学会做人，然后才谈得上去学做事。而要学做人，就必须从小做起。否则，等长大再学，就会浪费自己许多大好时光，走许多弯路，眼看自己被那些懂得处理人际关系的同学同事远远抛在后面。我们可以向那些所谓的过来人做一个调查，为什么天资禀赋差不多，有的人进步快，而有的人却进步慢，甚至许多天资好的人还不如天资差的人？我想许多人会回答，差就差在会不会处理人际关系，也就是现在最时髦的词儿"情商"。有些人对此总是不以为然，好像只有在官场上才有人际关系的问题，自己从事的纯粹是技术性工作，用不着考虑这些问题。实际上，不管是从事什么样的工作，都有与人打交道的问题，即使那些从事高科技研究的人士也不能例外。最近美国麻省理工学院也开始重视学生人际技巧能力的培养，专门开设了公共关系方面的课程，目的是培养这些理工精英处理人际关系的能力，因为许多麻省理工学院的毕业生，一旦走向社会就摔了个“嘴啃泥”，原因是他们不懂得如何在企业中工作，不懂得游刃有余地在企业内寻找领导机会，往往把领导位子拱手让给哈佛大学没有技术背景的工商管理硕士们。

五十

何孩子灌输正确的观念至关重要

其实，人生在世，活的就是个观念，也就是我们常说的世界观、人生观、恋爱观、婚姻观、家庭观、财富观、政绩观、生死观等。

面对同样一件事，不同的观念所产生的结果简直就是天壤之别。比如，未婚先孕在20世纪六七十年代可以让怀孕者自杀，而现在怀孕者说不定会昂首挺胸、理直气壮地在人前炫耀。比如，面对失恋，有人可能自杀，有人可能伤害对方，也有的人可能坦然面对没有缘分而友好分手。比如，面对破裂的婚姻，有人死磨硬泡就是不离，有人非得让对方身败名裂，有人会因为缘分已尽就财产分割和子女抚养等问题进行理智协商。比如，面对癌症，有人会被吓死，有人会因抑郁焦虑而死，有人会因为人早晚会死而坦然面对，结果反而能存活许多年甚至痊愈。比如，面对财产损失，有人会大病一场甚至自杀，有人会轻描淡写甚至开始二次创业，因为财产是身外之物。比如，在处理亲朋关系上，有人总是以为别人欠自己什么，有人总是怀着感恩的心。我想这样的“比如”太多了，笔者可以列举出许多。因此，从小让孩子树立正确的观念至关重要。否则，在未来的人生中，面对升学落榜、失业、失恋、离婚、升迁、疾病、死亡、财富增减等问题，都会不知所措，不但影响事业的发展，还会影响身体的健康，一辈子都会在忌妒、焦虑、怨恨、贪婪、恐惧中度过。

五十一

培养健康的性格比学习成绩更重要

时下家长和亲朋好友一遇到孩子，常常第一句话就是：“学习怎么样？”“这次考试得了多少分？”“全班排第几名？”“有没有希望考上重点中学？”等等。很少有人会问：“与同学关系处理得怎么样？”“与老师关系处理得怎么样？”“如果老师批评你会怎么样？”“如果老师批评得不对你会怎么样？”“如果老师表扬你会怎么样？”“如果同学欺负你会怎么样？”“同学比你学习好你会怎么样？”“同学比你学习差你会怎么样？”“同学向你借东西你会怎么样？”“球赛时被同学伤了你会怎么样？”等等。

只问学习，天天督促孩子学习，虽然孩子学习很好，也会考上名牌大学，但由于不会处理人际关系，不懂得人情世故，就会无法面对各种矛盾和问题，经受不起挫折。虽然 20 多岁的时候比较优秀，但以后随着忌妒、恐惧、怨恨、贪婪、失望等不良情绪逐渐占据他们的心灵，他们就会慢慢失去领先的位置，最后被时代抛在后面。相反，如果孩子具备良好的性格，处理人际关系游刃有余，即使大学毕业之前是个“平庸之辈”，但在以后，宽容、豁达、坚强、自信等优良的情绪，会推动他们不断加速前进，逐渐就会脱颖而出走在前列，成为时代的佼佼者。因此，家长和老师尤其是家长，要时时刻刻关注孩子性格的发育和成长，不要把眼睛总盯在孩子的学习上。孩子如果具备了良好的性格，才能全身心地投入到学习中去。而且，只有具备良好的性格，才能保证良好的体格。成年人的疾病十之有九是心病，基本都是由嫉妒、恐惧、焦虑、怨恨、贪心等不良情绪所引起的。在漫长的人生历程中，让人着急上火的事儿太多了，职务的升迁、生意的发展、家庭的变故等，都要人们心平气和地去面对，没有健康的性格会活得很累很痛苦。

五十二

让孩子学会宽容

孔子说："君子求诸己，小人求诸人。"意思是，在与别人发生矛盾的时候，君子多从自身来寻找原因，而小人则是把责任推给对方。孔子还说："躬自厚而薄责于人，则远怨矣。"意思是，多反省自己少埋怨别人，就不会招致别人的怨恨。孔子还说："放于利而行，多怨。"意思是，如果日常行事只考虑对自己有利，就会经常遭到别人怨恨。《论语》里有一章记载："子贡方人。子曰：'赐也贤乎哉，夫我则无暇'。"意思是，孔子的弟子子贡总爱背后指责别人，孔子知道后批评他说："你自己就那样完美吗？要是我可没有那个闲工夫"。《增广贤文》也说："责人之心责己，恕己之心恕人"、"闲谈莫论人非，静坐常思己过"、"平生只会量人短，何不回头把自量"、"不说自己桶索短，但怨人家箍井深"。古人说了这么多，无非是要人们学会宽容。宽容别人就是宽容自己。忌妒、怨恨、误解是身体健康和事业进步的巨大杀手。一个总是处在这种情绪状态的人，不可能心平气和地面对自己的事业，最容易患上各种各样的疾病。因此，从小就要教孩子学会宽容，能够原谅别人的过错，甚至能够原谅别人对自己的伤害。在朋友伙伴取得成功和进步的时候，能够由衷地为他们感到高兴和祝贺。平常能够毫不吝惜肚子中的词汇，真心地夸奖同伴的优点，等等。如此，孩子才会成为心胸开阔的人、身体和心理都健康的人，才会在漫长的人生历程中不断取得进步和成功。当然，家长和老师首先要学会宽容别人、宽容孩子，不用你喋喋不休地提醒孩子宽容，孩子就会自然学会宽容别人。

五十三

让孩子学会感恩

感谢父母把我们带到这个世界，感谢父母辛辛苦苦把我们养大，感谢老师为我们传道授业解惑，感谢同学们对我们的关心和帮助，感谢失败让我们懂得成功，感谢挫折让我们学会坚强，等等，人的一生需要有太多的感谢。在感谢之后，我们会感到心情是那样舒畅、那样平和，慢慢地我们会变得宽容、变得心胸开阔。然而，在日常生活中，许多人都把自己拥有的东西当成对自己的“应该应分”。特别是许多青少年，从小衣来伸手、饭来张口，把父母为自己所做的一切当成理所当然，而不知道感谢。长大以后，就把别人的帮助看作顺理成章。求朋友帮忙不成，不是感谢朋友的尽力，而是埋怨朋友不诚心诚意，久而久之，自己的交际圈、朋友圈越来越小，不能不影响到事业和发展。

五十四

让孩子自信

有一天在中国人民大学的校园内散步，看见一位老太太用童车推着自己的小孙子。小孙子见到有的小孩正在往大树上爬，也挣扎着要下车去爬。老太太对孙子说，你现在还小，爬不上去。可是孩子说什么也不行，哭着闹着非要爬不可。然而胳膊扭不过大腿，老太太并没有理睬孙子的哭闹，推着他走了。当时我就想，如果是我，我一定抱着孩子去爬。即使爬不上去，我也要扶着他去爬。一边爬，还要一边鼓励他。这对树立孩子的自信心多有好处。在孩子成长的过程中，抚养者为了孩子的安全或者其他什么原因，对孩子说了太多的“不”字。殊不知，“不”字说上一遍两遍没有什么。如果重复一千遍一万遍，这也不能，那也不行，在孩子的心里不断累积这些负面的暗示，孩子就会畏首畏尾，逐渐失去自信心。因此，我们经常对孩子说的应该是“你能行”、“你真行”，即使孩子现在做不到，也告诉他“你将来一定能做到”。通过孩子不断“征服”这些日常琐事，孩子的自信心才会逐渐地累积起来。切不可把“你真笨”、“你怎么这样不争气”、“你太让我失望了”的话挂在嘴边，数落、责骂、埋怨只能让孩子越来越没有自信。

在成长中，有自信心和没有自信心的孩子会形成天壤之别：一个会形成良性循环，一个会形成恶性循环。越有信心就会加倍努力，加倍努力就容易不断取得成功，而不断取得成功反过来就更加具有信心，从而形成了良性循环。反之，越没有信心就越不想去努力，越不想努力就越难以取得进步和成功，不进步、不成功就更没有自信心，从而形成恶性循环。

五十五

让孩子坚强

孟子说："天将降大任于斯人也，必先苦其心志，劳其筋骨，饿其体肤，空乏其身，行拂乱其所为，增益其所不能。"意思是，一个人如果要承担起上天赋予他的重任，一定要他的心志经常遭受挫折，让他的筋骨经常受到锻炼，还要经常让他两腹空空，皮糙肉厚，并且还要经常打乱他的工作计划，不断增加他不能做的事。只有这样，才能具备坚强的意志，才能成就大的事业。

古今中外，哪个英雄豪杰不是意志坚强、不达目的誓不罢休的人？因此，面对挫折，是坚持还是退缩，往往是能否取得成功的关键因素。许多天资聪颖、才华横溢的少年之所以半途而废，就在于他们在关键的时刻灰心丧气，以至于功亏一篑。坚强而有毅力的人绝不轻言放弃，成功者不过是爬起来比倒下去多一次而已。因此，锻炼孩子坚强的意志、让孩子勇敢坚强地面对挫折，是健全孩子人格的重要组成部分。从小就让孩子独立办理一些麻烦事，碰碰钉子。如果孩子自己摔倒了，就让他自己爬起来；如果孩子犯了错误，就让他自己去承担、去弥补；如果孩子遇到困难和问题，就让孩子自己想方设法去解决。老师和父母要适时地帮助孩子总结失败的原因，鼓励孩子再去尝试，绝不能伸手代办。只有这样，才不会出现尚未尝试就被可能的失败吓倒的问题，才不会出现事先豪气冲天，一旦遇到挫折就垂头丧气的问题，才不会出现一遇到挫折就怨天尤人的问题，孩子们才会挺起胸、昂起头笑对生活的一切，走向成功的彼岸。

五十六

让孩子勇敢

孔子说："君子不忧不惧。"鲁迅说："真正的勇士敢于面对惨淡的人生，敢于直面淋漓的鲜血。"一个胆小怕事、贪生怕死的人，说起话来就会吞吞吐吐、前言不搭后语，做起事来就会丢三落四、稀里糊涂，瞻前顾后，就不能冷静、客观地判断形势，就不能做出正确的决策。整天不是担心得罪了领导，就是担心得罪了同事；不是担心孩子的安全，就是担心父母的健康；不是担心哪天会失业，就是害怕生意破产。就会整日处于忧患之中，病魔就会不知不觉地侵入肌体，白发就会早早地挂在鬓角，从而不能不影响事业发展的后劲。成功与冒险成正比，商人不敢冒险，就不会获取超额利润。在股市、房市，只有那些敢于逆市操作的人，才能赚得大钱，从而成就大的事业。而那些在市场行情看涨的时候急着跟进、在市场行情看跌的时候急于出货的人，不可能有高额的回报。人们常常愤愤地说："这个世界太不公平了，撑死胆大的，饿死胆小的。"其实，在所谓社会比较公平的地方，那些收入多、社会地位高的人，大部分都是有胆有识的人，都是非常勇敢的人。

五十七

让孩子韧劲十足

老子说：“人之生也柔弱，其死也坚强；草木之生也柔脆，其死也枯槁。故坚强者死之徒，柔弱者生之徒。是以木强则折，兵强则灭，强大处下，柔弱处上。”意思是，人活着的时候，身体四肢都很柔软，但一旦死了，就会变得坚硬；草木活着的时候很柔脆，但死后就会枯槁。可见，“坚硬”和“枯槁”就会死，而“柔弱”和“柔脆”就会活。因此，木太硬了容易折断，兵太强了容易灭亡，强大反而容易处下，柔弱反而处上。在现实生活中，我们常见有的人脸皮特别“厚”，无论别人怎么逗，就是不急。即使遭到别人的批评和埋怨，也不放到心里，这是因为他们活得特别有韧劲，从而为自己建立了非常好的人际关系，也让自己的心理素质变得越来越好，为自己后续发展不断奠定了非常扎实的基础。而有的人脸皮特别“薄”，经不住别人的逗，更经不住别人的批评和埋怨了，这样不能不影响自己的人际关系，从而在自己的周围筑成了厚厚的围墙，不能不影响他们日后的发展。人生十有八九的事都不如意，如果不能以韧劲坦然面对，就会觉着事事不顺心，事事不如意。

五十八

让孩子负责

责任感是个人对自己和他人，对家庭和集体，对国家和社会所负责任的认识、情感和信念，以及与之相应的遵守规范、承担责任和履行义务的自觉态度。责任感是孩子健全人格的基础，是能力发展的催化剂。如果一个孩子对父母没有感情，那么他就不可能对家庭承担任何责任。如果一个人对自己、对社会有一种使命感，并且他的价值取向是以奉献为乐，那么他就会有很强的责任心；反之，就会对人对事漠然置之。一个对社会、对祖国、对人民没有情感的人，当外族入侵、祖国受难之时，他不可能有一种对国家对民族的责任，不可能挺身而出，舍生忘死，更不可能为国献身。

作为父母，关心、爱护孩子是天生的本能。但是如果父母在关心、保护孩子的同时，总是怕孩子辛苦，怕孩子为难，这样就忽略了让孩子学会负责任，孩子就会变得自我意识非常强，处处以自我为中心。因此，培养孩子的责任感，需要从孩子出生那一刻开始，从日常小事开始。孩子自己的事情自己做，对家里的事、别人的事也要帮助做。犯了错误自己去承担错误，而不能让家长代替。同时有意识地交给孩子一些任务，让孩子对自己行为的后果负责，无论事情的结果好坏，只要是孩子独立行为的结果，就要鼓励孩子敢作敢当，不逃避责任。

不幸的是，现在许多家长对孩子的事总是包办代替，其结果是，成功的喜乐由家长享受，失败的痛苦由家长承受，不论成功或失败似乎都与孩子无关。于是，家长就抱怨孩子不懂事。其实，根本的原因是家长不让孩子独立地承担责任。

五十九

让孩子独立

人不能做到自立，是不可想象的。人不但要做到物质上独立，还要做到精神上独立，情感上独立。男人要独立，女人也要独立。年轻人要独立，老年人也要独立。谁不能独立，谁就会在物质上、精神上和情感上依赖别人，自己不能主导自己，为他人所支配。青年人不独立，日常事务就容易为父母左右，就容易出现包办婚姻，父母可以断然拒绝你的许多合理的要求。老年人不独立，就会凡事看儿女的脸色，碰上不孝顺的儿女，晚年肯定不会幸福。许多女人不愿自立，一心相夫教子，期盼夫荣子贵。但一旦丈夫混出点人样儿，他们中的有些人就可能有了新欢。不管妻子年轻的时候如何漂亮，他早就失去了兴趣。这时候，妻子的处境是多么窘迫：如果离婚，下半辈子自己如何生活？不离婚，就得忍受丈夫的所作所为。事实上，大多数妻子都不得不忍气吞声而选择了后者。有什么办法，自己单独过日子？钱从哪来？选择再嫁人，早没有了姿色。至于男人，如果不能在物质、精神和情感上独立，那就更加悲惨。古人说得好：求人不如求己。当然，独立并不意味孤立，一个好汉三个帮，多一个朋友多一条路。

因此，必须从小培养孩子独立生活、独立思考的能力，在中国显得尤为重要。《文汇报》曾刊登程孟辉的文章《教育该教给孩子什么?》，现摘录如下："有学生高中毕业以高分考取名牌学校，却对自己入学后独立生活能力缺乏信心，从而提出要让自己的母亲辞去公职，陪其就读，主要是帮助其洗衣做饭等，并因此而心安理得。由于应试教育环境下培养或成长起来的学生普遍缺乏对实际生活环境艰难性和复杂性的认识、理解和应对，故一旦面临社会，常常会显得茫然和不知所措，无所适从。这一点，我们不妨看看国外教育孩子的方式，也许会有一定的借鉴、参考意义。

几年前，我女儿现在的外国语学校迎来了一批欧美交换生，我曾与他们一同去野外旅行。其中有一个名叫戴瑞丝的小女生，只有9岁，身高还不足130厘米，一路上，她背着一个沉甸甸的与其体形很不相称的大旅行包，身子前倾着吃力地艰难前行。陪同前去的中国老师和大哥哥大姐姐不忍心，提出要帮助她背包，小戴瑞丝用一脸迷茫不解并略显不悦的神色问道："为什么？我自己的事情为什么要让别人来代替做?"更令人不解的是，此时此刻，小戴瑞丝的父母就在该旅行团中，他们夫妇俩一路上只管走他们自己的路，聊他们的天，赏他们的景，对小戴瑞丝的无助根本熟视无睹。

中外家长对待孩子独立的态度的迥异，造成孩子日后生活能力的巨大差异也就可想而知了。

六十 让孩子会说话办事

说话办事的能力是人的基本素质。美国高中之前的教育最重视语言能力的培养，教授语言课程的老师也是最受尊重的老师，而在中国，最有地位的老师是数学老师和英语老师。我们所遇到的美国人个个能言善辩、侃侃而谈。因此，必须重视对孩子说话办事能力的培养。在说话方面，就是能够将要表达的意思全面、准确、精练地表达出来。一要落落大方，文质彬彬，风度翩翩；二要发音准确，吐字清楚，口齿伶俐；三要重点突出，层次分明，条理清楚。同时，在日常与人交谈中，知道如何说话不让人反感，做到每句话都非常中听。古人说："会说说都是，不会说都无礼。"意思是说，会说话的人每一句话说得都对，不会说话的人每句话都失礼。

所谓办事，就是解决各种复杂问题和矛盾的能力。这就要求在办事的时候，一要做到系统、周到、细致，避免出现一着儿不慎，就可能满盘皆输。比如，主办一次会议、一次婚礼，领导和各位亲戚朋友的座位排不好，就可能引发不快。二要懂得抓关键问题、抓主要矛盾，知道要办成事需要做谁的工作，怎么来做。三要照顾到方方面面的关系，一方照顾不到就可能带来意想不到的麻烦。四要脸皮厚，"开口三分利"，不怕求人，人家不帮，既不要不好意思，也不要怨恨人家。五要干净利落、痛痛快快，不能拖泥带水、慢慢腾腾。

六十一 让孩子掌握礼仪

《论语》有一章记载，司马牛忧曰："人皆有兄弟，我独无。"子夏闻之曰："商闻之矣：'死生由命，富贵在天。君子敬而不失，与人恭而有礼，四海之内皆兄弟也。君子何患乎无兄弟也？"意思是，孔子的一个弟子司马牛，有一天忧伤地说："人家都有兄弟，而我却没有。"孔子的另一个弟子子夏听说后劝他："我听说，死生由命，富贵在天。君子诚敬无失，与人恭而有礼，四海之内都是兄弟。君子为什么要担心没有兄弟呢？"孔子还说："质胜文则野，文胜质则史。文质彬彬，然后君子。"意思是，光有内在的品质，没有外在的修养，就会显得粗鲁；光有外在的修养，没有内在的品质，就会市侩油滑。只有把内在的"质"和外在的"文"统一起来、结合起来，才能成为真正的君子。《论语》记载，棘子成说："君子质而已矣，何以文为？子贡闻之曰：'惜乎！夫子之说君子也。质犹文也，文犹质也。虎豹之鞟犹犬羊之鞟？"意思是，棘子成说："君子只要具备内在的'质'就可以了，为什么还要外在的'文'呢？"子贡听说后说："可惜呀，您这样理解君子。质和文、文和质同等重要，狗皮、羊皮能够与虎皮、豹皮相比吗？"《论语》还记载：曾子有疾，孟敬子问之。曾子言曰："鸟之将死，其鸣也哀；人之将死，其言也善。君子所贵乎道者三：动容貌，斯远暴慢矣；正颜色，斯近信矣；出辞气，斯远鄙倍矣。"意思是，曾子病重，孟敬子去探望他。曾子说，鸟将死时，它的鸣叫听起来也悲哀；人将要死的时候，他说的话也诚恳。君子非常重视三件事：外表恭敬，就会远离怠慢；表情严肃，让人感到诚实可信；说话斯文，就会远离粗俗。这里，我们可以看出礼仪的重要性，它是每个孩子的必修课。

每当出入高级宾馆，看到那些服务员，无论是男孩还是女孩，在举手投足之间，显得那样彬彬有礼、风度翩翩、从容大方；无论是走路，还是站立，都显得那样得体合适，笔者总是不胜感慨：为什么所有的孩子，不论是男孩子，还是女孩子，不照此培养呢？这样的孩子多么招人喜欢，多么容易与人相处，交友会多么容易。不幸的是，在我国，礼仪的教育成了服务行业的专利，成了为商家赚钱的商品。而我们的消费者常常在宾馆、饭店等场所，大呼小叫，趾高气扬，粗暴地斥责那些服务生，要尽了"上帝"的威风，过足了"上帝"的瘾，从而也把无礼发挥到了极致。这主要是因为，我们的学校、我们的家长总是以耽误学习为由，而有意无意地忽视了对孩子的礼仪教育。许多年轻人大学毕业后求职应聘，不是穿着打扮不合时宜，就是言谈举止不够得体；不是狂妄自大，就是扭扭捏捏；不是口出狂言，不可一世，就是吞吞吐吐、前言不搭后语；站无站相，坐无坐相，走起路来东摇西晃，让人感到非常不舒服，从而不能不影响他们就业。因此，必须重视从小对孩子的礼仪教育，让孩子从小养成好习惯。比如，不论开会，还是赴约，都要严格守时；与别人谈话，要耐心倾听，不得随意打断对方；尊重别人的观点，即使不同意，也不能说对方瞎说、胡说八道；穿着打扮要得体，"您好"、"谢谢"、"对不起"、"再见"不离口；吃饭就餐时，应该注意礼仪；等等。必要时，可让孩子参加有关礼仪的培训班。

《文汇报》曾刊登了黄志涛的文章，题目是《学生为何没了好奇心》，其中用了许多篇幅来说明中国孩子在出国时礼仪的缺失，现摘录如下："在许多外国人的眼中，中国学生是遵守纪律的模范。可是在迎接仪式上，在对方校长发言时，我们有些学生玩手机，有人交头接耳，东张西望，随意拍照，或面无表情，完全不听。”“在商店购物后，学生排队付款，当收银员说：‘谢谢！祝您一天愉快！’时，第一位不予理会，扬长而去。收银员虽感意外，但一想，这个学生也许没有听见，也就罢了。可是，接下来每个学生都是如此，他就会想：中国的学生都这样！”“在国外，汽车一般给行人让路。可有的学生不是快速通过，向提供方便的司机微笑或挥手致意，而是旁若无人，慢悠悠地踱过去，根本不看人家一眼，不难想象这些司机心里会怎么想。”“我们每天出发或入住旅馆时都有大批行李搬上搬下，天气热，行李又重，当外国司机和老师忙得满头大汗时，女学生自是袖手旁观，强壮的男学生也很少动手，一些人只盯着自己的行李，拿到行李不说一声谢谢就走人。”对于作者所罗列的这些现象，我想也许国人都已经司空见惯了。

前些年，某电视台曾经播放了一个节目，名字叫《商务礼仪》，看了以后很不舒服。礼仪就是礼仪，怎么会变成商务礼仪呢？难道只有在挣钱的时候才讲礼仪，不挣钱的时候就不用讲礼仪了吗？

六十二

让孩子学会理财

笔者时常感慨，自己幼时只知读书，参加工作以后只知道忙自己的工作，为的是那一点点的工资，挣了工资也只知道存到银行里。至于股市如何起伏，房地产市场如何变化，汇率如何波动，黄金价格的涨落、艺术品邮品古董等市场的行情，从来不知道关心。殊不知，股市上的一次出手，其所得可能顶自己十年的工资。

其实，读大学也好，读硕士也好，读博士也好，最后还得就业赚钱。如果花费了 22 年的时间取得了博士学位，却不能找到工作，岂不是转了一大圈，白忙活一场？特别是农村的孩子，花费近十万元钱，辛辛苦苦完成大学学业，可毕业之时就是失业之时，许多人不得不再去当民工。因此，从小就应该向孩子灌输有关经济学的知识，让孩子能够敏感地察觉整个经济形势的动态变化，从而抓住赚钱的机遇，一次出手，可能就是十年的工资收入。有了这样的物质基础，就可以安心地从事自己喜欢的工作。据说百家讲坛明星易中天教授对女儿的大学志愿提出了几点要求，第一你喜欢什么，第二你擅长什么，第三将来你从事的工作收入是否能够维持你的生计，第四你所从事的行业的前景会怎么样。说到底，不管做什么都需要一定的物质基础。如果只知道让孩子去读硕士博士，却忘记了读完以后还是要就业，那孩子可能就会成为新时代的孔乙己。因此，为什么不从小开始财商的教育呢？有的老师和家长可能不解，如此培养出来的孩子不是见利忘义、为富不仁吗？不是满身铜臭、庸俗不堪吗？其实，只要我们加强对孩子人格的培养，不断拓展孩子的知识面，这种担心就是杞人忧天了。你看看生意遍布世界的犹太人，哪个不是温文尔雅、彬彬有礼、风度翩翩、满腹经纶？他们中许多都是乐善好施的大慈善家。

遗憾的是，什么时候应该让孩子知道钱，该不该给孩子钱，如何培养孩子正确的理财观念，这些问题很少引起家长和老师的重视。从小有意识地培养孩子的理财能力，指导孩子熟悉、掌握基本的金融知识与工具，从短期看可以让孩子养成不胡乱花钱的好习惯，从长远看对孩子及早形成独立的生活能力非常有利，使他们能够立足于日新月异、快速发展的时代中。因为，诸如金融观念和理财能力的“财商”将成为个人生存发展的基本素质。因此，家长可以从给孩子一些零花钱开始，让孩子逐渐树立储蓄观念，养成每笔支出都记账的习惯，建立理财的目标。还可以为孩子开一个独立的账户，让孩子学会开户、存款以及提款的流程。家长要避免两种极端的行为：要么是对孩子的消费行为大包大揽，连铅笔、橡皮都不让孩子自己买；要么就是有求必应，只要孩子开口要钱就慷慨解囊，却从不过问孩子将钱花在什么地方，哪怕是孩子将钱花费在网吧、游戏厅，也都视而不见。

中国的传统是，知识分子耻谈金钱，以为孔子所倡导的只是颜渊式的人物，“一箪食，一瓢饮，在陋巷。人不堪其忧，回也不改其乐”。其实，孔子也说过：“回也其庶乎，屡空。赐不受命而货殖焉，臆则屡中。”意思是说，颜回的道德修养无人匹敌，可是总是陷于贫困之中。子贡不接受命运的安排，在经商的时候，总是能把握行情而发财致富。谁说孔子耻谈金钱？

我常想，我们主张尊重孩子们的选择，让他们看自己喜欢的书，做自己喜欢做的事儿，可是万一孩子所喜欢从事的工作所得不足以维持生计，对孩子可能也就无快乐可言了。

六十三

不能读书挣钱两张皮

你一定不同意这个观点。古人不是说过："书中自有黄金屋，书中自有颜如玉。"现在家长供孩子读书，不都是为了将来让孩子就业挣钱？但我们中国读书与挣钱的逻辑关系是，读书可以做官，做官就可以挣钱，而不是读书之后去经商去做买卖。因此，中国历史上读书人对经商之人总是不屑一顾，总觉着他们满身铜臭，只有像颜回那样，甘守清贫，安贫乐道，才是知识分子的操守。而经商的人也觉着作为商人没有必要去读什么书。于是，在中国历史上，既是大官僚，又是大学者的人比比皆是；可既是大商人，又是大学者的人却寥寥无几。对比犹太人，既是大商人、大实业家，又是大学者的人大有人在。犹太经济学家一入商场、股市，同样能如鱼得水，应对自如，成为大富翁。反观我国，如果让我国当前有的精通经济学理论的经济学家去经商做买卖，恐怕还不如有些文盲商人。

六十四

增强孩子适应环境的能力

人来到这个世界，要想活得好、活得开心，就必须学会适应环境，而不能指望环境去适应你。说到底，要接受现实，随遇而安。否则，就会整天感到诸事不顺，心烦意乱，感觉自己的背后总是有小人作祟。有的人在政府机关工作几年，深感人际关系的复杂，于是就羡慕那些在企业工作的人。可是到企业一看，比机关也好不了多少，于是就羡慕那些在外资企业工作的人。可到外企一看，也差不多。有的人觉着在学校工作人际关系一定简单，只要专心学问，做好本职工作即可。实际上，学校也未见得好多少，尔虞我诈、钩心斗角的现象比比皆是。由于不适应环境，总想寻找理想的乐土，有的人大学毕业后，10 年几乎换了 10 个单位，可没有一个单位让他称心如意，总觉着天下乌鸦一般黑。到头来，10 年以后，眼看着其他在一个单位连续工作 10 年的同学，可能已经成为科长、处长、讲师、副教授、部门经理等，而自己还是一事无成，但却仍然不知自省，整天埋怨命运的不公和社会风气江河日下。为什么？就是因为他们不去想方设法适应环境，他们不知道只要是有人的地方，就有各种矛盾和问题。于是，稍不如意，便怨天尤人、牢骚满腹。实际上，如果你不去主动适应环境，你对所有的工作单位的感觉都会一样，因为环境不会主动适应你。子思在《中庸》里说道："君子素其位而行，不愿乎其外。素富贵行乎富贵，素贫贱行乎贫贱，素夷狄行乎夷狄，素患难行乎患难。

君子无入而不自得焉！”意思是说，君子对什么样的环境都能适应，从不怨天尤人。富贵能享，贫贱能受，在老少边穷地区也能生活，遇到灾难也能承受。君子不论生活在哪里、生活在什么条件下，总是自得其乐。因此，家长和老师必须注意从小培养孩子适应环境的能力，而不仅仅是关注孩子对知识和技能的学习。

六十五

美国人怎么看待适应环境

有一位美国教授，连续30年跟踪一批少年天才，结果发现，有的人获得了巨大的成功，有的人却非常平庸，碌碌无为。所以他得出了一个结论：成功=20%的智商+80%的情商。什么是情商？我的理解，是处理人际关系的能力，实际上就是适应环境的能力。我们经常遇到这样的情况，在学校时那些老师宠爱、同学羡慕的天之骄子，毕业以后怀才不遇、郁郁寡欢者大有人在。相反，在学校时调皮捣蛋、常受白眼奚落的所谓“差生”，毕业以后却能如鱼得水、平步青云者，也不在少数。对前者，我们经常扼腕叹息，总觉着世界对他们不公；对后者，则常常嗤之以鼻，总觉着他们走的是旁门左道，来路不正，为富不仁。实际上，恐怕二者的差别主要是，前者总认为自己是太阳，金木水火土都要围着自己转，结果自己不但未成为太阳，连一个普通的星星都算不上。而后者，压根儿就未想过自己要成为太阳，忍辱负重，不怕磨难，最后反而成为太阳。在某些人的眼中，美国是世界上追求平等、追求公平的社会，只要具备才能不就行了吗？

六十六

培养孩子的爱国主义精神

我们生活在太平盛世，身边都是自己的同胞，可能感受不到国家对自己的重要性。如果我们是至今仍在四处流浪的吉卜赛人，如果你是曾经漂泊几千年的犹太人，如果你是身在异乡的中国人，你就会切实感到国家对一个人的重要性。当我们的运动员拿到世界冠军，赛场上升起国旗、奏响国歌的时候，他们更多的感受是作为一个中国人的骄傲。因此，从小就加强对孩子爱国主义精神的培养，显得非常重要，也非常必要。从小培养孩子爱国主义精神，不是简单的升旗仪式和唱唱国歌，也不是空洞的说教，需要从日常的一点一滴做起。首先，要做好“修身”，让自己成为一个品德高尚的人，也就是每一个人首先要把自己管好，做一个合格的公民；其次，要做好“齐家”，也就是把自己的家庭管好，上要孝敬父母，下要养好子女，夫妻恩爱，兄友弟恭，让自己的家庭成为社会健康的细胞；再次，要做好“治国”，每个人都热爱自己的工作、自己的事业，与自己的领导、下属和同事保持良好的关系；最后，要做到“平天下”，每个人都应该在国家危难的时候挺身而出，舍生取义。如果一个人能够做到上述的“修身、齐家、治国、平天下”，他就具备了爱国主义的精神和情怀。当然，要想让孩子们具有爱国主义的精神，家长和老师的榜样作用最为重要。

六十七

增加男老师的数量

中小学特别是小学阶段是孩子人格培养的最关键时期。在这一时期，老师在塑造孩子人格方面与家长有着同样的责任。就像家里既要有爸爸，也要有妈妈一样，学校里的老师性别比例也要相当。女老师在学校占据绝对的优势，无论如何不利于孩子良好人格的培养。女性温柔、细心、认真等良好的品格，无疑是每个孩子都应具备的品质，孩子们可以从女老师那里获得。但是，开朗、豁达、直率、勇敢、刚强、充满想象力创造力等阳刚之气，孩子们却很难从女老师那里获得，而这些正是男老师的优势所在。由于缺乏足够的男老师，现在的男孩子是越来越不行了。女孩子回答问题时，落落大方，娓娓道来，男孩子反而扭扭捏捏，吞吞吐吐；有的女孩子是满身阳刚之气，而许多男孩子却唯唯诺诺、胆小怯懦；女孩子在班委中占压倒多数，男孩子则寥寥无几。当然，男老师短缺是世界性的问题，有着特殊的经济和社会原因。其实，这个问题在我国至少谈论了20年，只是现在谈论的人越来越少，可能是谈了也不起什么作用的缘故。但不管怎样，男老师短缺的问题，还是要引起我们足够的重视。还是那句话，在中小学阶段，塑造良好的人格远远重于知识的传授和学习。而良好人格的塑造，单靠女老师是很难完成的。其实，幼儿园老师也不应该清一色是女性。

第五篇

知识篇

六十八

喜欢学习最重要

让孩子们学习的目的，不在于孩子学习和掌握了多少知识，最重要的是能够激发孩子对学习知识的渴望和冲动，让孩子们终生喜欢学习。如果培养出来的孩子是不爱读书的孩子，那我们的教育就是失败的教育。

孔子说过："知之者不如好之者，好之者不如乐之者。"意思是，被动学习的人不如主动学习的人，主动学习的人不如以学习为乐的人。意大利著名儿童教育家蒙台梭利，把教育方法分成两种：一是外部刺激，二是内部刺激。所谓外部刺激，一是惩罚，二是奖励。她认为二者都不能最大限度地调动孩子的积极性和内在的潜力。所谓内部刺激，就是让孩子学习自己喜欢学习的东西，使孩子对学习知识充满渴望和冲动，这样既不需要惩罚，也不需要奖励，就会取得事半功倍的成效，一年可能学到别人十年才能学到的东西。

仔细想想，有哪一个科学家、发明家、文学家、音乐家、艺术家等是用惩罚和奖励的方式得以成名成家的呢？阿基米德面对罗马士兵的屠刀竟然说："请允许我做完这道几何题后再杀我"；我国 20 世纪 50~70 年代的科学家，在那样艰苦的物质条件下，凭着对科学的向往和热爱，依然取得了辉煌的成就；"西部歌王"王洛宾即使身陷囹圄，凭着对艺术的热爱，还能谱写出不朽的歌剧。再如，留美奇才李开复，凭着自己的兴趣爱好，竟然由政治科学转学计算机科学，26 岁成为副教授。之后又凭着兴趣先后转投苹果、SGI、微软、GOOGLE等国际知名企业，最后抛弃这些公司的优厚待遇，建起了自己的研究团队，要在神州大地进行“创新工场”试验。四川泸州农民邓寿才，虽然高考落榜，却痴心研究数学20多年，即使从事脏乱差的工作甚至失业、流浪、离婚都在所不惜，发表著作近百万字，手稿摞起来足足有一人高。可见，“喜欢学习、愿意学习”的力量有多大！

可现在的许多孩子，在家长“快做作业，然后再弹琴再画画”的催促声中，在不断重复的补习过程中，在家长和老师无情的批评和冷嘲热讽之中，在没完没了的作业和标准化考试中，特别是在当今社会喜欢“人造神童”的潮流中，早就被榨干了体力、精力、情感以及想象力和创造力，对学习充满了厌恶和疲倦的情绪，哪有什么乐趣可言？有的孩子甚至患上了校园恐惧症、考试综合征等精神疾病，一到校门口，一到考试，不是头疼，就是肚子疼，甚至抽搐。好多孩子熬呀熬呀，熬到大学毕业，对学习却充满了厌恶和敌视，恨不得这辈子再也不要看书、再也不要学习。在这种情况下，如何能培养出喜欢学习的孩子呢？可是，经济社会的发展日新月异，在这个知识爆炸的时代，在这个知识不断快速更新的时代，需要人具有终身自我学习的能力。否则，如何立足于高度竞争的未来社会？如果经过我们十几年辛辛苦苦的培养和教育，孩子们却成了不愿读书的人，那这样的教育反而不如不要。

也许家长们会问，怎样才能让孩子喜欢学习、愿意学习、孜孜不倦地学习呢？笔者认为，最重要的是寻找孩子喜欢学习的突破口和切入点。孩子们各有各的天赋禀性和兴趣爱好，他们的天赋禀性和兴趣爱好，就是他们喜欢学习、热爱学习、孜孜不倦地学习的突破口和切入点。学校教育采用统一的教科书和教学大纲，所有的孩子都要按照学校的教学计划按部就班地学习，而真正能够适应这样的学习的孩子毕竟是少数。也就是说，这种形式忽略了孩子个体之间的巨大差距。许多孩子不喜欢学，却在老师家长和现行考试制度的高压下，不得不勉强学习，最后成了考试的机器。只有充分考虑孩子之间个性的差异，因人施教，因时施教，才能让孩子喜欢学习。如果孩子喜欢足球，崇拜某位球星，就给他买一本该球星的传记；如果孩子喜欢某一位伟人，就给他买一本该伟人的传记；有的男孩子喜欢战争故事，父母就给他们购买些战争方面的书籍；有的女孩儿喜欢安徒生童话，就让她去看好了；等等，孩子们就会自然沉浸在自己爱看的书籍里，渐渐地喜欢上读书学习。孩子们就会发现，啊！学习原来是这样好玩儿，是这样充满乐趣。以此为突破，逐渐拓展孩子学习的范围。如果孩子数学不好，请不要着急，再过两年，随着孩子理解力的提高，他自然就会明白；如果孩子考不上大学，请不要着急，先让他参加工作，在日后的工作中，他会慢慢明白学习数理化等有关知识的重要性，然后会充满热情地学习与自己工作有关的知识，从而收到事半功倍的效果。孔子曾说："生而知之者，上也；学而知之者，次也；困而学之，又其次也；困而不学，民斯乎下矣。"意思是，有的人是生而知之，有的人是通过后天的主动学习才知道，有的人是遇到困难才学习。笔者认为，多数人都属于"困而学之"，也就是在工作中遇到困难时，才激发出学习的自觉性和主动性，因为在学校学习时，不知道所学的东西将来会有什么用，只有工作后遇到困难才能有针对性地学习。笔者从 20 岁就想学习经典，但是总停留在第一页。后来因为要教授孩子诵读经典，就逼迫自己先学习，竟然对四书五经逐渐产生了浓厚的兴趣。虽已过不惑之年，竟能将《论语》、《道德经》、《大学》、《中庸》、《孝经》背诵下来，可见学习动力在学习中的巨大作用。

20 世纪 40 年代，著名教育家陶行知先生提出培养儿童要做到"六大解放"：一是解放孩子的头脑，把儿童的头脑从迷信、成见、曲解中解放出来；二是解放孩子的双手，因为人的活动靠双手进行，不许孩子动手，会摧残孩子的创造力；三是解放孩子的眼睛，使孩子的眼睛能够看到事实；四是解放孩子的嘴巴，有问题准许问，有话敢直说；五是解放孩子的空间，让孩子去接触大自然、大社会，以扩大眼界；六是解放孩子的时间，给孩子个体学习、活动的时间。

让教育变成一部使人流连忘返、充满乐趣、充满遐想、充满激情的开心辞典，让当前那些“寓教于打”、“寓教于骂”的教育，真正回归“寓教于乐”的教育吧！

六十九

快乐学习最轻松

学习是最快乐的事，是最轻松的事，孩子不用教就能无师自通。而有的学校却把学习变成了最痛苦的事、最沉重的事。

说学习是最快乐的事，就是除了危险的事、除了恶习，让孩子学自已想学的东西，让孩子做自己喜欢做的事，孩子就会把学习当做乐趣，而不是作为负担，就会最大限度地调动孩子学习的积极性，孩子就可能用一年的时间学出十年的东西。说学习是最轻松的事，就是随着孩子年龄的增大，许多东西用不着老师教，自己一看就会。比如孩子到了三四年级，通过识字的关口以后，语文课还用老师在课堂上喋喋不休地满嘴唾沫星子地讲吗？他一个学期可以读几十本书，而我们的学校只让他学那可怜巴巴的一本语文书。孩子到了五六年级，理解力达到一定程度后，加减乘除自然就会，除非白痴，哪里非得用老师去教。老师只起到辅导、指导的作用就行了，而应该把重点放在人格的培养上。试想想，孩子现在想听故事，你却非要让他做作业，他能快乐吗？孩子的理解力还未达到应有的程度，你非逼着他去做数学题，孩子不会的话，还会招来你一阵责骂和埋怨，如此孩子怎么能不对学习产生厌倦而感到学习的沉重呢？孩子不快乐，不愿意学，即使用十年时间也学不出一年的东西。因此，不论是老师还是家长，一定要满怀爱心，带着无限的耐心等待孩子的成长，到时候你就会惊喜地发现原来你的孩子是这样的聪明，至少也不比一般的孩子差。前面说过，每个孩子都有自己成长的时间表，有的懂得早，有的懂得晚，懂得早的不一定就比懂得晚的强。打一个比方，杏树是二月开花，桃树是三月开花，枣树是四月开花，荷花是六月开花，菊花是九十月开花，腊梅是严冬开花。有的孩子可能是杏树，有的孩子是桃树，有的孩子是枣树，有的孩子是荷花，有的孩子是菊花，有的孩子是腊梅，怎么能要求整齐划一同时开放呢？孔子 15 岁开始学习，曾子 17 岁才开始学习，皇甫谧 20 岁才开始学习，苏轼的父亲苏老泉 27 岁才开始发奋读书，等等，历史上有许多名人都是年龄很大以后才开始学习的。

七十

快乐学习最简单

学习是最简单的事，最简单的东西往往是最有用的东西，而最有用的东西往往最不值钱、最容易为人所忽视。

空气是人们一刻也不能离开的东西，可人们抛开室外免费的新鲜空气，偏偏花钱把运动放在空气污浊的体育馆、健身房；白开水也是人不可缺少的廉价物品，可人们却喜欢花钱消费容易致病的各种各样的饮料；五谷杂粮最有营养，价格也便宜，可人们偏偏喜欢鸡鸭鱼肉、山珍海味，吃出病后，再去看病住院；通过刮痧、按摩、拔罐就能治好的小病，去次医院就要花上百八十元，不是做化验，就是拍片子；等等，不一而足。其实，孩子的学习何尝不是如此？本来是非常简单的事，却搞得越来越复杂。说学习是最简单的事，就是循着孩子的兴趣、爱好和特长，他愿意看什么书，就让他看什么样的书，只要不是坏书。不愿看书而喜欢动手的，就让他做一些动手的事好了，慢慢地他也会喜欢上读书。孩子轻松，家长轻松，老师轻松，还能培养出身体健康、人格健全、知识渊博、充满智慧的孩子。看看我们现在，用一套统一的教科书扼杀着孩子的兴趣和爱好，用没完没了的作业、考试和铺天盖地的课外辅导书不断瓦解着孩子们学习的动力，爸爸妈妈爷爷奶奶姥爷姥姥全家围着孩子转，披星戴月，大人累、孩子累。支出越来越多，可孩子的身体越来越不健康，对学习越来越厌烦。

七十一

孩子是机动车，不是手推车

孩子是一部自我转动的机器，不是被人推一步走一步的手推车。因此，家长和老师应该把自己培养成机动车司机，而不是人力车夫。

所谓孩子是机动车，是指孩子是不用教的，他们有不可思议的自我学习的能力。比如，孩子通过识字的关口、自己能够读书后，语文课还用老师教吗？他一年可以看几百本书，而我们却只让他学习那一本可怜的语文书。再比如，随着孩子年龄的增长和理解力的提高，加减乘除还用教吗？由于对世界有着强烈的好奇心，每个孩子对学习都有着非常强烈的冲动和欲望。老师和家长就是要利用好孩子的这些特点，充分调动孩子的主动性和能动性，顺应孩子的兴趣和爱好，就能充分发挥孩子自我学习的能力。到时候，孩子还用教吗？你想不让孩子学习恐怕都不可能了。仔细想想，有多少东西非得老师去教？尤其是现在各种各样的书籍铺天盖地，只要具备自我学习的能力，根本用不着非要去什么培训班。笔者对四书五经、一些经济学理论和物权法理论的了解和掌握完全是靠自己的学习和研究，从未请教过任何人。因此，现在的孩子都是教笨的。因为只要老师在讲台上一站，孩子们背着手准备听老师讲课，就给孩子一个非常负面的心理暗示：老师将要讲解的这些东西我自己学不会，必须得老师教，如此孩子就慢慢失去了自我学习的自信心。更何况，现在的学校各种各样的考试评比，更是让那些排在后面的孩子产生严重的挫折感，自认智力水平不及那些排在前面的同学，从而彻底失去学习的自信和动力。正面的心理暗示与负面的心理暗示所产生的效果是天壤之别。如果一个孩子觉得自己在某方面行，有着充分的自信，就会义无反顾地刻苦学习，结果是他一定能取得好成绩，取得好成绩的结果又会进一步增强他的自信心，从而形成良性循环。反之，如果孩子总认为自己不行，他就不敢也不愿意去尝试去努力，结果肯定无法成功，不成功又会进一步打击他的自信，从而形成恶性循环。因此，恳请我们的老师和家长善待我们的孩子这部自我转动的机器吧，让自己逐渐变成一个汽车司机，把爱心、耐心、顺应孩子的兴趣天赋作为启动这部机器的钥匙，只要将机器发动起来，就让他自己去转动吧。不要以为自己比孩子高明，不要以为孩子非得用你教不可，不要把孩子当成手推车，自己辛辛苦苦地当人力车夫了，你推一步他才走一步，最后满肚子委屈地把孩子培养成蠢材庸才。

清华大学曾举办过一次题为“学在清华——学生发展与成才”的论坛。参会者一致认为，只有不断提高自我学习的能力，大学生方能长足发展。一位教授指出：“大学生需要一种自动学习、自主学习、自发学习、自强不息的学习能力。在中学小学，老师会手把手、填鸭式地教你，但大学完全不是那回事。”笔者听后不禁感慨，为什么到大学以后才想起了这个问题？为什么不从幼儿园、小学就开始培养孩子自我学习的能力呢？为什么在幼儿园、小学、中学老师要手把手地教呢？因此，大学生出现的这个问题，其根本原因还在于我们的中小学教育。

常常看见人们在业余时间，行色匆匆地赶往各种培训班，笔者茫然不解：现在各种书籍铺天盖地，有必要非去参加培训班，让老师去教吗？自己看看有关书籍、查查有关资料，不就行了吗？即使是理工类的东西，也不一定非得老师去教。

七十二

广博的知识是滋养成长的有机肥料

孩子从小立志要成为数学家、物理学家、化学家，就只能从小学习数理化，其他的知识什么都不学习吗？孩子从小决心成为舞蹈家，就只能从小学习舞蹈，其他的知识就不管不顾了吗？孩子从小要成为球星、影星，就只能从小只顾踢球、演戏，而不理其他知识的学习吗？如果你认为是这样，你的孩子一定是一个缺乏想象力、缺乏创造力的平庸之辈。这里不得不再次提到中国科学院那位年过九十搞了一辈子梅花的老院士。他带领他的学术团队，把梅花的室外种植由长江流域推广到了黄河流域，又从黄河流域推广到北京，现在已经推广到黑龙江的大庆。据他自己说，他对各种梅花的名称、习性的了解，许多来自于唐诗宋词。谁能想到梅花的科研和种植会和唐诗宋词有着这样密切的关系呢？还有日本的那位2003年诺贝尔物理奖获得者，声称他的获奖成果是受到庄子的一句话的启发。由此可以看出，一门学科的存在与其他学科都有着必然的联系，学习理工科的人可能在人文科学的领域里受到启发，学习文科的人也可能从理科中得到某些启示。其实，诺贝尔早就说过："各种科学之间是相互联系的，一种科学的研究必须借助于相关科学的成果。"温家宝总理在看望钱学森时，年近百岁的钱老对总理说，现在的教育问题很大，理工科的孩子要学点人文的东西，文科的孩子也要学些理科的东西。钱伟长一直主张，教育要破除四堵墙，其中之一就是破除专业之间的墙。最近，北京大学实行自主招生，采用中学校长推荐制。负责招生的老师发现，各地推荐的孩子无一例外都是知识广博的人。许多孩子不仅自学文学、历史、地理、天文等知识，甚至还自学了法律、经济、金融等与他们的年龄似乎并不相称的知识。因此，在这里我还是要大声呼吁，我们的学校要尽快将孩子从那可怜的几本教科书中解放出来，从几万道数理化题中解放出来。让孩子有更多的时间读书，政治、经济、军事、历史、地理、文学等书都可以读，让我们的孩子充满创造力和想象力。

看看我们现在，大学的专业是越分越细，似乎学好自己的专业就万事大吉了。结果，许多大学生毕业以后，因为知识面狭窄而无法适应工作需要。那些参加比赛的歌手，在文化素质考核中，许多人竟然连最起码的基础知识都不懂。还有许多运动员，只注重训练，而忽视文化课的学习，导致许多人退役后无法就业。有的家长一旦发现孩子有某项特长，就让孩子将所有的时间用在特长的学习。如此，如何能培养出有想象力、创造力的人呢？

最近，媒体和学术界又在讨论所谓的“通识教育”。据说，有鉴于知识面狭窄导致大学生就业难，有的大学将大部分时间集中于经典学习，被有些人嘲笑为不务正业。其实，通识教育的重要性和必要性无可置疑，但到了大学阶段就有点晚了。为什么不从小就开展通识教育呢？为什么不把孩子从几万道数理化题中解放出来？为什么不把孩子从分析中心思想、段落大意、解词造句等无聊的事中解放出来？让孩子们多读书、读好书，由简到繁、由易到难地去学习经典、理解经典，到了高中毕业不就完成通识教育了吗？古人寒窗十年，就已经满腹经纶，何况当今完成高中学业整整需要 12 年。如果顺着孩子的兴趣爱好，孩子们在 12 年内读书破万卷，恐怕也不是什么难事。

七十三

孩子无时无刻不在学习

不要以为只有在课堂上看课本才是学习。从出生的那一刻起，孩子就开始了学习。他不停地观察这个陌生的世界，分辨着各种不同的色彩，聆听着各种不同的声音，品味着不同的味道和气味。一根草棍，一把沙子，一盆清水，等等，都是孩子的教科书。动物园、植物园、森林、草原、农田、工厂，等等，都是孩子的教室。孩子的每一次提问，孩子每一次想听故事，都是渴望学习的冲动。孩子之间的游戏及与父母之间的互动，都是孩子们心智的磨炼。对于孩子的这些行为，能够顺其自然，不横加干涉，你就会惊喜地发现，你的孩子原来是这样喜欢读书的孩子。

遗憾的是，许多家长总以为孩子做这些都不是真正的学习，只有坐在教室，拿着教科书，背着手，听老师在讲台上讲课，才是真正的学习。今天学琴，明天学棋，后天学画，等等，结果常常是，你让孩子学什么，孩子就讨厌什么。孩子累得够呛，家长比孩子更累，又搭时间又搭钱，却培养了不爱读书、不爱学习的孩子。仔细想想，现在的孩子从小到大，有几件事是自己愿意做的，都是家长和老师让孩子们做的。在此情况下，孩子怎么能喜欢学习呢？

七十四

让孩子喜欢读书：讲故事和有问必答

给孩子讲故事和对孩子有问必答是培养孩子喜欢读书学习的两个最有效途径。因为不是只有在幼儿园和学校的课堂上才称得上学习。你眉飞色舞、绘声绘色地给孩子讲他爱听的故事，你耐心地回答孩子提出的每一个问题，对于孩子来说就是最好的学习，这些能让孩子对世界充满好奇和渴望。请不要用磁带里的故事来敷衍孩子，也不要无精打采、平淡无奇地给孩子念故事，而是让孩子依偎在你的怀里聆听着你那充满幻想、充满磁力的声音，因为父母的声音对孩子来说是世界上最美的声音，在他沉浸在美丽故事的同时还能感受父母的爱抚。请不要无情地打断孩子的提问，更不能以荒唐无稽为借口，对孩子的问题予以冷嘲热讽。同时，也不要因为无法回答孩子的问题而感到羞耻甚至恼怒。否则，你的孩子就会失去对世界的好奇心，从而失去了学习的积极性和主动性。不会就是不会，老老实实地告诉孩子：“爸爸妈妈也不懂，哪天我去请教有关专家后再告诉你。”

七十五

先感性后理性才是科学教育的正确路线

所谓“先感性教育，后理性教育”，是大量减少数理化的课程，拿出更多的时间让孩子们参加社会实践，提高孩子们的动手能力。比如，让孩子们学习园艺、陶艺、剪纸、编织、机械维修，参观科技馆、工厂生产线，多做物理试验和化学试验等，增加孩子们的感官认识，让孩子们明白科学的重要性和必要性，提高孩子们学习科学的针对性，以此激发孩子们对科学的兴趣，孩子们才能学好数理化。我听说在欧美，中学的物理课和化学课都没有教科书，主要是试验课程；除了数学专业和与数学有关的专业以外，一般大学生的数学水平只相当于我国初中数学的水平。而我们的学校过早过多过快地、抽象地向孩子们灌输数理化的知识，孩子们不懂这些知识有什么用处，他们不喜欢数理化、学不会数理化自然就在情理之中了。

七十六

科技兴国并不需要人人苦心钻研数理化

科技兴国就是人人都苦心钻研数理化吗？就是长大以后人人都当科学家吗？

科技兴国的重要性不教自明。前段时间，某省尝试教育改革，想适当压缩数理化课程，遭到一些老科学家的反对。对这些老科学家的心情，我非常理解。毕竟他们亲身经历了因为科技落后而遭人欺凌的旧中国，切身感受到科技强国的极端重要性。可是，科技兴国并不意味着人人都要苦心钻研数理化，也不意味着从小就得学数理化，更不意味着从小只学习数理化就行了。数理化毕竟是少数专业人士所从事的工作，在三百六十行中，只是其中的一行而已。对大多数人来说，在中小学花费大量时间所学习的数理化，对于日后的工作没有什么用处，只要掌握加减乘除、懂得必要的科普知识就足够了。对那些少数喜欢数理化并且具有天赋的孩子，可以在大学的时候，给予特殊的培养，让他们去承担起科技兴国的重任，没有必要将每个孩子当做未来的科学家来培养。这就好比学习照相，照相机自有专业人士去制造，一般人只要会使用就可以了，没有必要人人去掌握照相机制造的基本原理。再比如学习计算机，一般人只要会操作就可以了，用不着去学编程序，程序软件自有专业人士去编。再比如，我们学习开车，一般人只要学会驾驶技术就行了，没有必要人人都去掌握汽车制造和维修的基本原理和有关技术，等等，不一而足，不再列举。再说，即使日后要成为科学家，也不能天天只学数理化，还是要广泛涉猎各种知识。因为没有广博的知识作为养料，你在数理化方面也不会有什么想象力和创造力。

七十七 语文教育不是为了人人都当文学家

我们的数理化教育是按人人都是科学家的思维来培养。同样，我们的语文教育也是按照将来人人都是文学家、评论家的假设来培养。语文教科书里不是记叙文，就是抒情散文，再就是议论文。从小学开始就让孩子们写记叙文、散文、议论文。实际上，能够成为文学家和评论家的毕竟是极少数，对大多数人来讲，能够将一件事以书面的形式清楚地表达出来就可以了，至于散文、议论文等那是专业作家所从事的工作。参加过托福考试的人都知道，托福考试的作文篇幅要求只有250字，把一件事情说清楚就可以了。开始许多中国学生无论如何也不能理解，非要洋洋洒洒写上千言，不是议论，就是抒情，最后反而不能得分。在日本，写作的主要内容是书信与日记、生活和意见、实验报告、调查报告、研究报告等。在美国，作文的主要内容是自述、表述意见、评论与说明、程序、辩论与说服等。在我国香港地区，作文的主要内容是书信、公函、建议书、演讲稿、新闻稿、纪录、报告、评论、专题介绍等。

经常听到用人单位反映，有些大学生的文字表达能力太差。其实，何止大学生，在硕士生、博士生中间，文字表达能力很棒的也不多见。有的博士生甚至连"的"、"地"、"得"怎么使用也分不清楚，文中的错句、病句就更多了。这不能不让人与当今的语文教学联系起来。因此，语文教学必须改变"孩子将来个个都要成为文学家、评论家”的指导思想，从小学开始，一直到大学，采用由易到难的方式，使学生逐步掌握日常生活中经常遇到的各种实用文体的写作，如字条、借条、收条、启事、通知、书信（求职信、感谢信、申诉信等）电报、总结、投诉、诉状、申请书、调查报告、理论文章、新闻报道等，使学生掌握的语文知识能在实际生活中得到准确的、有效的使用。

其实，我们为什么不能把历史、地理、天文、科普知识列入语文教科书呢？这样，孩子们既能认字，又能掌握广博的知识。而我们目前的语文课和每学期那一本可怜的语文书，除了让孩子们认识几千汉字，恐怕是一无所获。

即使孩子将来成为文学家、评论家，也不能仅仅局限于那一本语文书，也不仅仅局限于阅读文学作品，还是要广泛涉猎各种知识，让广博的知识成为自己作品丰富的养料，否则日后也难以成为真正的文学家和评论家。

七十八 艺术教育不是为了人人都当艺术家

具有一定的艺术修养，对于陶冶情操、移风易俗，具有非常重要的作用，对每个孩子都非常重要，也非常必要。古人一再强调音乐的教化作用。《礼记》里说："移风易俗莫良于乐。"《论语》有好几章记述孔子对音乐的重视。"子在齐闻韶，三月不知肉味，曰：'未图为乐之至于斯矣'。"说的是，孔子在齐国听到《韶》乐，竟然三个月不知道肉味，他说，想不到音乐能够达到如此境界。"子谓《韶》：'尽美矣，又尽善矣'；谓《武》：'尽美矣，未尽善矣'。"意思是，孔子对《韶》乐的评价是"尽善尽美"，对《武》乐的评价是"尽善但不尽美"。"子与人歌而善，必使反之，然后和之"。意思是，孔子听人唱歌听到高兴的时候，一定要人家多次重复，然后再与人家共同唱。古希腊著名的哲学家苏格拉底，也非常重视音乐教育。

时下，家长们对孩子们的艺术教育不可谓不重视。在城市，几乎每个孩子都学过一门艺术课程，或弹琴，或绘画，或书法，或唱歌，或跳舞，等等，不一而足。为了孩子的艺术学习，家长们牺牲了自己的业余时间。如果是孩子真心喜欢，自然是无可厚非。可是，有许多孩子是在家长的呵斥、强迫中，含着眼泪去画去弹。其实，有艺术修养不一定非要勉强、刻意地懂得某种艺术技巧。只要听到音乐、看见绘画作品，感到很美很舒服就可以了。去过欧美的人，可能会看到这样的场景：在美术馆里，一群孩子在一幅画前席地而坐，老师在告诉孩子们，该幅画的作者、年代以及所表达的主要意境和思想，并不一定让孩子们直接去学习绘画。那些在家长的逼迫中，恨不得扯断琴弦、砸坏琴键的孩子，即使能够掌握演奏的技巧，也很难说具备了音乐的修养。

七十九

小学应不应该写作文

古人说："读书破万卷，下笔如有神。"古人还说："熟读唐诗三百首，不会作诗也会吟。"等到孩子有了足够的知识储备和积累，自然就会文思泉涌、下笔如神。没有足够的知识储备和积累，怎么能写出好的作文呢？这就好比养蚕一样，只要一片桑叶一片桑叶地喂它，到时候它就会自然吐丝。你不能指望喂它一片桑叶，它就吐出一口丝。在小学就做什么作文，与喂一片桑叶就想让蚕吐一口丝有什么区别呢？而且，单凭学习那一本可怜的语文书，我们指望孩子能够写出什么好作文呢？曾经有一个小学生在一篇600字的作文里，使用了72个"死了"，如"热死了"、"烦死了"，整篇文章都是十分简单的词语，毫无文采可言。一位初中一年级的语文老师曾对30篇主题为"我爱我家"的作文进行统计分析发现，学生用词不超过200个，成语、俗语很少见，更不用说自己个性化的语言了。为什么？还不是因为孩子们肚子里的储备太少了吗？

因此，我强烈呼吁取消小学生做作文。不但要取消作文，还要取消那些分析段落大意、分析中心思想、解词造句、写日记等功课，让孩子多读书，尤其是趁孩子记忆力好，最好将四书五经、《古文观止》等经典烂熟于心，再背诵几百首唐诗宋词，阅读古代经典小说和国外的名著，到时候，你想让孩子不会作文都不可能了。

八十

让人看不懂的外语学习

随着全球化的逐渐深入，不断提高国民的外语水平无疑十分必要。对于一个人来说，熟练地掌握一门外语，对就业无疑具有很大的帮助。因此，改革开放以来，我国掀起了全民学外语的高潮，人数越来越多，年龄越来越小，有关外语的教科书、辅导书铺天盖地，有关外语的培训班如雨后春笋，外语老师的收入越来越高，特别是英语家教的收费更是高得惊人。可是，越学习越让人搞不懂：一是有必要全民学外语吗？真正用得上外语的行业职业能有多少？如果平时用不上学它何用？二是将近 1/3 甚至 1/2 时间都用在外语学习上，一学就是 20 年，结果还是哑巴英语。三是从幼儿园开始就学英语，有这个必要吗？其实，要学好外语，归根结底还是要把自己的语言学好，因为语言是相通的，本民族的语言学不好，也难以学好其他民族的语言。仔细观察不难发现，那些外语好的人，语文成绩都非常好。再说，学语言不仅仅是要学“你吃饭了没有？”等日常用语。因为你学外语，说到底还是要出国学习各种专业知识，你同外国人也不能总是谈“吃饭了没有”，还是要谈谈历史、地理、哲学、文学、风土人情等，说到底还是要多读书。否则，你与美国、英国的文盲没有区别。美国、英国的文盲都会口语，听力也都过关。邓亚萍到英国留学之前，以为越过英语关就行了。可是过了语言关后，还是很难与人家交流。后来终于明白，光会那些日常会话是不行的，因为没有广博的知识，还是无法与人家交流。前段时间去美国考察，临时聘请的翻译是一个从某外语学院毕业后又到美国留学的大男孩儿，由于知识面狭窄，连亚里士多德、白皮书都不会翻译。国内某知名外语大学曾召开一次研讨会，专门研究如何培养同声传译的问题。据说，通过外语水平考试的人大有人在，但其中真正能够达到同声传译水平的却寥寥无几，差别就在看谁读的书多，看谁知识面宽，看谁临场反应能力强。那些被淘汰的人，不是因为外语水平低，而是由于知识面狭窄、综合素质差，而无法从事同声传译工作。考过托福和 GRE 的人都知道，阅读部分基本上都是历史、地理、政治、经济、法律、科学等百科常识，如果不多读书，只学习日常会话，只知道背单词，肯定无法考取高分。可是，看看我们现在，中国人认识的汉字越来越少，历史不知，古文不懂，书法丢弃，四大名著没有读过，满脑子就是几万道数理化题。有一次笔者去书店想给儿子买本汉语词典，看到的大都是装帧精美的各式英汉字典，仅在一个非常偏僻的角落找到了几本装订简陋的汉语词典，令笔者不胜感慨。

还有就是过小学习外语的问题。看着个别“神童”说着流利的外语，听着一些别有用心的人的蛊惑和宣传，许多家长再也沉不住气，老早将孩子送进有关外语的培训班。其实，绝大多数孩子并不具备学习外语的条件。如果丈夫是中国人，妻子是美国人，平时丈夫与孩子说中国话，妻子平常与孩子说英语，孩子的英语会话肯定没有问题。或者家里雇用一个美国保姆，不许保姆跟孩子说中国话，孩子的英语对话也应该不错。抑或父母掌握熟练的英语，从孩子出生就与孩子说英语。显然，绝大多数人并不具备这样的条件，只能将孩子送往各种各样的培训班。如果孩子喜欢，自然无可厚非。但是真正喜欢的孩子能有几个？恐怕不到 1%。笔者一直反对孩子上这样的培训班，可是妻子总是沉不住气，无奈就让孩子参加了一个培训班。笔者现场听了一次课发现，全班 10 个孩子分 5 男 5 女，5 个男孩或面无表情地低着头或左顾右盼或吃手指，4 个女孩也心不在焉地既不看老师也不看黑板，只有一个女孩儿看着老师、跟着老师的节奏学习。我的儿子整堂课都在啃着自己的手指，妻子一看也就放弃让孩子继续学习的念头。其实，对绝大多数人来说，还是要等到一定年龄、具备学习能力后再学习外语。笔者有几位朋友被单位派往德国留学，临行之前只进行了一年的强化训练，听、说、写基本满足了学习的要求，就顺利完成了在德国的学业。曾经有个人外号“王十国”，在“文化大革命”时，在监狱里靠学习《毛主席语录》中外文对照本，竟然掌握了10种语言。

八十一

行万里路恰似读万卷书

俗话说“秀才不出门，便知天下事”、“读万卷书，行万里路”，告诉我们读书的重要性。实际上，行万里路恰似读万卷书。俗话说：“耳闻不如目见，目见不如足践”，也说明了经常旅行的重要性。尽量带孩子去旅行，让孩子坐火车、乘飞机，参观名山大川，游览名胜古迹，孩子定会眼界大开。许多欧美家庭宁愿借钱，也要带着孩子去旅游，就是出于这样的考虑。而在我国，虽然许多家庭非常富裕，完全能够承担旅游的费用，可是父母们总是以耽误学习为理由，而放弃一次次带孩子出外旅游的机会。其实，旅行何尝不是学习呢？旅行家得益于经常旅游自不必说，山水诗人得益于经常游历名山大川也可以理解，达尔文的《物种起源》也是得益于他的全球旅行，而孙中山的《三民主义》和康有为的《大同书》同样得益于他们周游列国的所见所闻。通过旅游，让孩子去了解不同地域的文化和风土人情，更深刻更直观地认识历史地理，更近距离地面对大自然，同时还培养了孩子生活的能力。也许一次旅行顶得上个把月的书本学习，让孩子终身受用不尽。

八十二

不要轻信智商测试，“笨孩子”实际很聪明

笔者一直对所谓的智商测试嗤之以鼻，对这种测试的科学性有疑义。建议各位家长最好不要参与类似的测试。如果你让孩子参加了测试，你也不要因为你的孩子“智商高”而沾沾自喜，或者因为你的孩子“智商低”而垂头丧气。因为许多所谓少年天才日后并未成什么大器，而有的“笨孩子”长大后反而成了大才。爱迪生小时候因为“愚钝”常遭老师和同学的白眼，只接受了三个月学校教育。爱因斯坦因为木讷，十几岁还不能说几句话，而成为老师和同学嘲笑及奚落的对象。如果他俩的父母同别人一样嫌弃他们，没有无限的爱心和耐心，人类就会失去一位大发明家和一位大科学家。“笨孩子”之所以显得笨，是因为他们，总是要对人们习以为常、熟视无睹的事情予以大胆的怀疑，总是要提出类似“苹果为什么落地而不飞向天空”这样“荒诞”的问题，总是要不但知其然，还要知其所以然。他们虽然在小时候显得呆头呆脑，长大以后却成就了大的事业。反过来，许多少年天才自幼聪明伶俐，日后却成了平庸之才。为什么？我想这些少年天才之所以在小时候显得聪明，是因为他们接受能力较强，学什么会什么，但只知其然，而不问其所以然，再加上情商问题，比如意志软弱、缺乏自信等，因此日后自然难成大器。

其实，孔子早就说过：“唯上智与下愚不移，”意思是只有极少数

的天才和白痴是不能改变的，大部分人都处在中间阶段，智商水平都差不多，可塑性非常强，人与人之间的差异不是表现在所谓的智商上，而是主要表现在情商上，表现在品格上。

八十三

三十年前空欢喜一场

30 年前，中美两国政府互派教育代表团，相互考察对方的小学教育，双方得出相同的结论：20 年后，美国的科学技术水平将落后于中国。中国代表团所看到的是，一群上课时交头接耳、抓耳挠腮、懒懒散散、学着最浅显的算术的美国小学生，如此下去，美国的科技能有什么希望？美国代表团看到的是，一群规规矩矩、老老实实、认真听讲、学习高深数学的中国小学生，如此下去，中国 20 年后的科技水平一定会超过美国。然而，出乎预料的是，直到 30 年后的今天，中国的科技水平还是远远落后于美国，实在令人深思，发人深省。我认为，其主要原因是我们的科学教育不但没有提高反而妨碍了孩子的想象力和创造力。

八十四

从以科学教育为主，向以人文教育为主转变

前面说过，数理化是少数人将来从事的专业工作，对于大多数人来说，懂得一些科普知识就足够了，而人文教育则关系到无论是谁、无论长大后从事什么职业都必须具备的基本素质。可是，我们现在的中小学教育，将科学课程占据了大半江山，从小学到高中毕业，孩子们将大部分时间花费在几万道数理化题上，成了解题的工具。古今中外的经典著作，历史、地理、天文、法律、政治制度、艺术、理财，等等，孩子知道得少得可怜。这种情况导致许多孩子情感淡漠、缺乏情调。由于缺乏人文知识的滋养，即使是数理化特别优秀的孩子，由于缺乏足够的想象力，也很难成为具有创新能力的科学家。因此，必须彻底改革中小学教育的指导思想，将教育的重点由科学教育为主转到人文教育为主上来。小学教育主要是体育锻炼、琴棋书画、四书五经唐诗宋词的背诵、手工编织、机械修理、园艺陶艺等，至于数学，只要懂得加减乘除就行了。三年级之前不要教算术、不要教写字，应该以认字和阅读为主，孩子愿意读什么书就让他们读什么书，也许男孩儿愿意看战争书籍，女孩儿喜欢童话，那就让他们各自看好了，然后多鼓励孩子讲故事。另外，要经常带领孩子参观动物园、植物园、科技馆、天文馆、博物馆、美术馆、农业生产、工厂生产线等。还有，除了做数学作业外，不要让孩子再使用铅笔了，而是直接学习毛

笔书法。现在已经进入计算机时代，钢笔、铅笔已经没有多大用处，为什么不让孩子直接练习毛笔书法，既继承了我国的优秀传统文化，又能修身养性，何乐而不为呢？另外，还要培养孩子独立生活的能力，比如洗衣、做饭、搞卫生，等等。古代的私塾就是从让孩子学会“潇洒应对进退”开始，并不是直接就学知识。同时，礼仪的教育也不可缺失。到了五年级、六年级，随着孩子理解力的提高，四年级以前的数学，他们可能用一个月就完全学会了。

到了中学阶段，就是鼓励孩子们多读书，然后组织学生围绕某一本书展开讨论，也可以要求孩子写出心得。读书一定要读中外经典，读一句顶一万句的书，如《论语》、《大学》、《中庸》、《道德经》、《孟子》、《诗经》、《楚辞》、《金刚经》、《圣经》、柏拉图的《理想国》、犹太人的《塔木德》等古代经典，还有《古文观止》、唐诗宋词元曲、明清四大名著、康有为梁启超著作、孙中山的《三民主义》、《毛泽东选集》、《邓小平文选》，再有《共产党宣言》等外国名著，还要了解国家的政治、经济、法律制度。中学阶段不应该以老师讲课为主，而是以各种形式的研讨会为主，老师应该是一个引导者和旁观者。至于数学课程，到高中毕业能够达到现在初中数学的水平即可。至于物理化学，不要再有教科书，而以试验课为主。

以上设计着眼于孩子的普遍性，也就是说，无论是哪个孩子，不论长大后从事什么工作，都应该达到上述水平。当然，每个孩子都各有自己的天赋和特长，家长可以让孩子参加相关的培训班来强化孩子的特长。有的孩子天生喜欢数学，家长就给他报一个数学培训班，有的孩子喜欢画画，就给他报一个美术培训班；有的孩子体育好，就给他报一个体育培训班；有的孩子喜欢动手，给他报一个维修班或科学实验班；等等，不一而足。

毕竟，只有少数人从事与数理化有关的工作，对大多数人并没有多大用处，怎么能让大多数人陪着少数人去费力地学习数理化，浪费宝贵的时间呢？而且前面也说过，即使长大后从事与数理化有关的工作，也要在中小学阶段认真学习人文课程，否则在日后所从事的数理化工作中也会缺乏想象力和创造力，因为许多经典著作闪耀着高度的智慧，说不定什么时候会从中得到什么灵感和启发，因此人文与科学不可相互对立相互割裂，而是相辅相成、相得益彰的。

当然，要实现中小学教育从以数理化教育为主向以人文教育为主的转变，必须改革现有的高考制度。考试内容应该以人文知识为主，主要考察孩子知识的广博度，再以加试作补充。如果喜欢数理化，想学数理化专业，就加试数理化；如果喜欢外语，想上外语专业，就加试外语；如果喜欢历史，想读历史专业，就加试历史；如果喜欢文学，想读文学专业就加试文学；等等，不一而足。这样，就会大大降低应试教育所固有的缺陷，更能照顾到孩子个性的发展。

著名数学家丘成桐在一次演讲中，以“求玄赏美——我的数学人生”为题。出人意料，在两个小时的演讲中，出现最多的不是数学术语的公式，而是一系列中外文学家的名字和作品。少年时代，他伴着诗书经典度过，甚至曾十分迷恋武侠小说，父亲的突然离世，突然激发了他做学问的浓厚兴趣。短时间内，文学对现实的关照乍然明亮。《红楼梦》、《汉书》、《左传》、《史记》穿透心灵。“《浮士德》与《红楼梦》相比，前者是天才的苦痛，后者是人间的苦痛，描写苦痛的极致，竟可以说得上是壮美的境界，足以移动人的感情。”丘成桐从文学的感情出发，一步步深入探索自然的真与美。在他眼里，简洁有力的定理使人喜悦，就如读《诗经》和《论语》一样言短而意深，让人感到美妙至极，有如自身融入大自然的真实的美丽，可以用一句诗来形容：“落花人独立，微雨燕双飞。”丘成桐说，在至情之人的眼中，科学旅途就是一场无穷尽的美的爆发，感情的培养是做大学问最重要的一部分。中国当代文学的美和感情是极为充沛的。若今人能够回复古人的境界，犹如先秦两汉唐宋作者的热情澎湃，在科学上创新当非难事。

八十五

让孩子刺激孩子

前面曾经说过，老师要学会将孩子变成机动车，只要将马达发动起来，让孩子自己去转动。也就是学会培养孩子自我学习、自发学习、自动学习、自主学习的能力。笔者发现，让孩子刺激孩子，就是一条培养孩子自我学习能力的有效途径。笔者有位同事的儿子在北京四中学习，班上有位同学利用业余时间自学了经济学的基本理论，并将 1997 年亚洲金融危机前因后果制成 PPT 讲给同学们听。同事的儿子深受刺激，要求妈妈也为他购买一套经济学的教科书，只用一个暑假的时间就读完了。还有一位同事，某日回家，发现儿子坐在马桶上，正在高声朗诵岳飞的《满江红》。一问才知，班上有位同学在课堂上为大家朗诵了这首《满江红》。因此，笔者有时就想，为什么有时候老师不能走下讲台，让某些有特长的孩子，把自己的所学所知讲给同学们共同分享呢？这样，其他同学会深深地受到刺激，班级就会掀起比学赶帮超的热潮，从而形成自我学习、自发学习的良好局面。

八十六

感到容易才愿学

最近媒体上报道，我们的奥数竟然难倒了一位获得类似诺贝尔奖的俄罗斯数学家；王蒙曾代自己的孙女写了篇作文，结果没有及格。现在学校教学的指导思想好像是学习的东西越难越好，越难越能培养孩子，刁钻古怪才能出人才。殊不知，这样只能不断加重孩子们的挫折感、畏惧感，久而久之孩子对学习就会彻底失望，直至绝望。正确的方法是让孩子做他能做的事、容易做的事，让孩子们感觉很容易、很简单，然后由易到难，以此不断积累孩子的自信心，从而对学习产生强烈的渴望和冲动。实际上，孩子们所要学习的东西确实也没有什么难的。孩子们觉得难，是因为我们现在的教育违反了孩子成长的规律，过早地让孩子做与孩子年龄不相称的事。等到孩子长到一定年龄，大脑发育成熟后，不用老师教，自然就会明白。

老子说："图难于其易，为大于其细。天下难事，必图于易；天下大事，必作于细。"因此，孩子的学习一定要遵循由易到难、由浅入深、由低到高、由简到繁的原则，否则就会揠苗助长、欲速则不达。

八十七

不要特意教孩子认字

现在许多父母为了让自己的孩子不输在起跑线上，一出生就让孩子认字。有的将字贴在有关的物品上，比如“冰箱”两个字就贴在冰箱上，等等；还有的购买了识字卡，每天让孩子学习。其实这些教孩子识字的方法效率很低，因为语言是由各种词汇相互有机连接的整体，采用认字卡一个字一个词儿地教孩子，就会破坏词汇之间有机的联系，使语言这个有机的整体支离破碎。即使孩子认识每一个字，但是将这些字组合起来变成一句话，孩子也不一定明白。父母从小与孩子说话，不可能一个字一个字地说，该说什么就说什么。比如，妈妈抱抱你，不可能说一次“妈妈”，再说一次“抱抱”，再说一次“你”。即使孩子分别认识了“妈妈”、“抱抱”、“你”，但是将“妈妈抱抱你”组合在一起，孩子也不一定明白。其实，给孩子讲故事是认字的最佳途径，历史、地理、科普知识、童话等都可以给孩子讲，该用什么词汇就用什么词汇，用完整的语言将各种知识和各种词汇储藏在孩子的脑子里，形成成千上万的“口头词汇”。等到孩子认字的时候，就会觉得似曾相识，连蒙带猜，很快就会完成认字的过程。笔者从来没有教孩子认过字，只是坚持给孩子讲故事一直到9岁，孩子好像一夜之间什么字都认识了，即使特别生僻的字都认识。有的成语，只要认识一个字，他就能将其他三个字认出来。一问他，他说是猜的蒙的。如果不给孩子讲故事，只是单纯地教孩子认字，孩子没有知识的储备和词汇的储备，即使孩子认识每一个单个的字，但将这些字组合成一句话，孩子也不会明白怎么回事儿。比如，孩子分别认识文、化、大、革命，但是将“文化大革命”组合起来，就不一定明白是什么意思。

为准备教孩子认字，笔者买过一套认字卡，这套认字卡非常可笑。比如卡上画了一个老太太，下面写着“奶奶”；另一张卡上也画一个老太太，下面却写着“姥姥”。一张卡上画着一个姑娘，下面写着“姑姑”；另一张卡上也画着一个姑娘，下面却写着“姨”；等等。更有甚者，一张卡上画个长铅笔，下面写个“长”；另一张卡上画个短铅笔，下面写个“短”。不知道是要让孩子认识“铅笔”二字，还是要让孩子认识“长短”二字。笔者无奈，只好白白浪费了钱财而弃之不用。

第六篇

智慧篇

八十八

读一句顶一万句的书

俗话说得好，真言一句话，假言万卷书。因此，要读书就读一句顶一万句的书、读一本顶一万本的书。千万不要读一万句不顶一句的书、读一万本不顶一本的书。

仔细想一想，活这么大，我们读了几本有用的书？想想我们在小学中学的语文课都学了一些什么？新课本发下来，学生头一天躺在被窝里用几个小时像看小说一样全部看完，可老师却要站在讲台上喋喋不休地讲上一个学期。不但如此，还要逼着学生去分析段落大意，总结中心思想，解词造句，还要逼着学生写日记、写作文。可读了12年书，许多人写起文章来，竟然驴唇不对马嘴，说起话来前言不搭后语，还不如新中国成立前读半年私塾的人。为什么？因为我们所学的东西，都是一万句不顶一句的东西。请你回忆一下， 在你的脑海里小学中学课本里都留下了什么宝贵的东西，恐怕是一片空白。因此，要学就学一句顶一万句的东西。所谓一句顶一万句的东西，就是那些历经千锤百炼、经久不衰、千百年来一直闪耀着智慧的光芒的东西，比如，经史子集、秦汉文体、唐宋散文诗词、明清小说戏曲、辛亥革命前后改良家和革命家的著作、五四前后名家著作、马列经典著作，以及国外名家名著，等等。只有读这些书，才能启迪智慧，才能使人真正成为博学多才之人，才能做到读书破万卷，下笔如有神，才能使自己成为一个高尚的人。列宁曾经说过，只有用全人类优秀文化武装起来的人才是真正的马克思主义者。“三个代表”重要思想也要求大胆吸收全人类一切文明成果，以代表中国先进文化的前进方向。

实际上，孩子们跨越了识字的关口以后，就应该不再有当前“老师站在讲台上讲、学生在下面听”这种语文课，就应该不再是仅仅局限于哪一本语文课本。老师应该是一个旁观者，一个引导者，引导孩子大量阅读各种经典著作，有的还要让孩子烂熟于心。千万不要再让孩子去做“分析什么段落大意，总结什么中心思想，每天写日记，小学生就写什么作文”等等之类这种杀鸡取卵、揠苗助长的事，等到孩子积累到一定程度，自然会文思泉涌，下笔如有神。这就好比养蚕，你只管喂它桑叶，到时候它自然就会吐丝。你不能指望，喂一片桑叶，它就给你吐一口丝。那么小的孩子，读一篇文章你就非要他去分析什么段落大意、总结中心思想、写出心得体会，这与喂一片桑叶就想让蚕吐丝有什么区别。我想，为什么那么多的中国人不愿读书、讨厌读书，原因就在于此。

再谈谈理科教学，完全违反了人类生长的规律。理科的知识只要到一定年龄、具备了一定的理解力以后，就会自然理解、自然明白。10 岁不懂，12 岁就会懂；有的孩子懂得早一点，有的孩子懂得晚一点，但到 20 岁之前，大家的水平不会有太大差别（最典型的是中国科大少年班已经连续举办了 30 年，是否培养出一位真正的科学家呢？据说连一个学科带头人都没有培养出来，很多人反而成了心理不正常的人）。有的人没上过学，可做起买卖来，账算得比谁都精。我在上初中的时候，连一元一次方程都不会解，经常因为不交数学作业而受到老师的批评和奚落。可到了初二结束后的一个暑假，我只用了半个月时间就把整个初中的数学弄得明明白白。我们现在是孩子不懂的时候非要让他懂，结果老师着急，家长上火，甚至责备孩子为什么这样笨。孩子心里也不明白，别的小朋友会，为什么我就不会，看来我确实笨。如果孩子感到自己笨，就失去了对科学的信心和兴趣，他就会觉得科学深奥莫测、高不可攀，从此以后他可能真的变成了笨孩子。

退一万步讲，即使孩子理科确实不好，也不是什么可怕的事情。因为大多数的行业，只要会加减乘除就行了。至于科学会有专门的人士作为职业去研究，大多数人只要使用这些人研究出的成果就可以了。而大多数的工作却要求你会说、会写、会办事、会处理人际关系。而我们的理科教育，则是要求每个人将来都要成为数学家、物理学家、化学家等。当年，我在大学学计算机，老师每天给我们讲计算机语言，讲如何编程序，直到学期结束也未碰到计算机，结果上了一学期课，也不知道计算机到底是咋回事。程序自有专业人士编，非专业人士只要会用就可以了。说到底，学理科的目的是培养人会思考的能力，而不是让人成为解题的工具。所以有人说，我们的理科教育培养的都是科学奴才，只能给真正的科学家当助手，因为我们培养的都是解题高手，而不是对科学充满热情、充满幻想、充满创造力的科学探索者。当时我听了非常不以为然，可回头想想，改革开放 30 多年我们向欧美输送了近百万留学生，是否涌现出一位科学天才？

其实，学好文科与学好理科并不矛盾。因为真正的经典著作，能够启迪人的智慧，帮助人开窍。2003 年诺贝尔物理学奖获得者之一是一位英国人，他获得的第一个学位是古典文学学士，第二个才是物理学学士。日本一个诺贝尔物理学奖获得者曾经说过，他的获奖成果就是受到庄子一句话的启发。

我们的中小学应该侧重于伦理道德教育，侧重于高尚情操的培养，侧重于美好性情的陶冶，侧重于说话、办事等各种能力的锻炼，侧重于自信心和坚强意志的磨砺。也就是侧重于学习培养不管将来从事什么工作都应该具备的基本素质。小学课程应该集中于经史子集的背诵、琴棋书画的练习、各种体育运动的开展、参观各种工厂生产流水线、学习各种手工等，至于数学教一教加减乘除就足够了。到了中学，让孩子们读遍古今中外的经典著作，包括政治、经济、法律、军事等各种书籍，至于数理化能够达到目前初中的水平就可以了，至于目前高中的数理化可以放到大学去学。到了大学，他可能只用一年就能轻轻松松地将高中三年的数理化学完，何必逼着孩子费劲拔力地用三年时间学完。在此过程中，发现孩子们的兴趣爱好和天赋，等中学毕业以后再有针对性地进行培养。

在此有必要强调，不能单单以文化课的好坏作为衡量孩子能否成才的标准，因为每个人的天赋不一样，有的人这方面好，有的人那方面强，天生我才必有用，三百六十行行行出状元。当教授、当将军、当政治家、当文学家、当科学家等是成才，当个好厨师、高级技工、好农民等同样也是成才。我小学的同学，有的文化课非常不好，可是编个筐、编个炕席、做个木匠活却非常出色，如果父母能在这些方面悉心培养，他就可能成为这方面的人才。

顺便说一句，我们的教育常常把手段当目的。比如，音乐教育过分注重某种乐器演奏技巧的掌握，而忽视了音乐教育的目的是培养人的美感和磨掉人的野性，结果造成孩子虽然会演奏音乐却不喜欢音乐。科学教育过分重视解题技巧，而忽视了对思考能力的培养。语文教育过分注重如何写好文章，而忽视了对孩子仁民爱物、修身齐家治国平天下的基本素质的培养。

说到底，我们的教育也要树立科学的发展观。过去的教育太过于功利，太不重视对人本身的培养，结果造成有的孩子有才无德，有的孩子变成了书呆子，有的孩子意志软弱受不得一点挫折，有的孩子自私自利缺乏公益心、爱心和合作精神。因此，我们必须尽快转变观念，为21世纪的中国培养出更多有用之才。

八十九

千万不可死读书

鲁迅曾讥讽旧社会的读书人："死读书，读死书，最后成了活死人。"听了这话，你一定忍俊不禁，脑海里会立即闪现出旧社会那些整天摇头晃脑、满口之乎者也的酸腐书生形象。其实，许多人尤其是我们中国人都不同程度地存在着不认真思考而认为书本至上的问题。小时候，我们觉着老师、父母和书本上说的每句话都是真理，老师和家长也把自己塑造成圣人的形象，如果老师或家长被学生或自己的孩子问倒，就会感到不好意思，有的甚至恼羞成怒。久而久之，我们就养成了不爱思考的毛病。凡是专家、权威说的，凡是书上说的，都深信不疑。正因为如此，有些人打着科学的幌子，到处招摇撞骗，竟然令许多高级知识分子上当受骗。没有放之四海而皆准的真理，也没有永恒的真理。真理总是与一定的历史条件和客观环境联系在一起，在美国是真理，到中国就不一定是真理；在过去是真理，在现在可能就不是真理；对张三是真理，对李四就不一定是真理；对男人是真理，对女人就不一定是真理；对个人正确的事，对团体不一定正确；等等。列宁曾说过，真理再向前一步就会变成谬误。比如，有句话叫做"疑人不用，用人不疑"，不能说没有道理，但如果机械地理解，就会走入误区。你可能根据你对"用人不疑"的理解，对你任用的人放任不管，等到他们酿成大错，给你造成重大损失，你才如梦初醒，悔之晚矣。正确的做法是，疑人不一定不用，用人不一定不疑。人总是要变的，过去是好人，现在可能就是坏人；过去是坏人，现在可能就是好人。只是在用人的时候要有良好的监督和制约机制。现在在干部提拔任用上有一个提法叫“领导失察错误”，就是一个干部犯了错误，提拔他的人也要承担一定的责任。我想，如果在提拔的时候，被提拔人没有问题，只是后来犯了错误，就不应该让提拔他的人承担失察的责任，因为人总是要变，不能要求提拔他的人有先知先觉。再如，有句老话儿叫做“树挪死，人挪活”，有的心浮气躁之人听了这话就不安心工作、频繁跳槽，结果老来将至，却一事无成。有的人饱读诗书，学贯古今，在人生的舞台上却表现平平，因为他们只知道学习却不知思考，遇到问题总是困惑不解；有的人虽读书不多，没有满腹经纶，但在人生的舞台上，却如鱼得水，因为他们善于思考，不生搬硬套。其实，旧社会那些酸腐书生自称是圣人门徒，实际上恰恰背叛了孔夫子的谆谆教诲：“学而不思则罔，思而不学则殆”。孔夫子从来就没让我们死读书，读死书。当前社会上学习已经蔚然成风，思而不学者已不多见，但学而不思者却大有人在。

我们每天面临的大量信息来自于所谓行家、专家、权威，但这些行家、专家、权威常常对同一件事各执一词。如果我们只知道学习而不知道思考，就会困惑不解，不知所以。如科学家在100年前经过计算，发现菠菜里含有丰富的铁。人们听说后，就多吃菠菜。100年后，德国的科学家经过重新计算发现，当年的计算差了一个小数点，菠菜里铁的含量与其他蔬菜所差无几。曾经有一段时间，媒体上大肆炒作，说经科学证明南瓜可以降血糖，于是南瓜的价格猛涨。过一段时间，科学家们挺身而出，愤然指责这种说法毫无科学根据，毫不负责。类似的事情相信你也已经司空见惯了，可你是否学会了思考，不在此类事件中上当受骗？

九十

我国现行的科学教育可能使孩子越学越笨

数理化的公式、定理、化学分子式，都是以许许多多的假设条件为前提。否则，这些定理、公式、化学分子式就不会成立。可我们教给孩子的时候，只是不断地强调公式、定理的正确性和重要性，甚至要求孩子将公式、定理死记硬背下来，却很少强调形成这些定理、公式的假设条件。学了一大堆数理化，却只知其然，而不知其所以然。请问，有几个数学老师告诉我们，“几何”两个字是什么意思，“函数”是什么意思，为什么叫“三角函数”，“三角”与“函数”是什么关系？我想，许多人同我一样，至今还是茫然不知。但是，我们的数学老师哪管它三七二十一，该怎么讲就怎么讲，只要能记着公式就行了，问那么多“为什么”干什么。然后就给学生留下没完没了的作业，把孩子们变成了解题的机器。学习数理化的目的，本来是培养锻炼孩子们的思维能力和对学习科学的向往与渴望，可是我们的学校硬是把鲜活的科学，变成了固定不变、不容置疑的金科玉律和绝对真理。如此，我们怎能培养出对科学充满幻想、充满渴望、充满想象力的孩子呢？

据某大学所做的“中国城市儿童想象和幻想研究”显示，当今中小学生的想象和幻想状况不容乐观，在小学三年级至初中二年级（8~14 岁）这一阶段，儿童的想象力呈现较为明显的发展趋势，而在 14

岁后，则呈现出一定的停滞状态。想象力一般从丰富性、创新性和逻辑性三个方面进行评定。在儿童想象力的发展中，创新性具有重要意义。创新性的最低层次是“表象的记忆水平”，最高层次是“创造表象水平”，而“表象的再造水平”介于二者之间。调查结果显示，达到最高层次的小学生只占 18.7%，近 42%处于最低层次；而中学生达到最高层次的也不超过 37%。由此看来，我国中小学生的想象力水平非常低。

九十一

学学犹太人的《论语》——《塔木德》

《塔木德》是犹太人的第二《圣经》，是犹太人日常工作和生活的指南。然而，犹太人印刷的《塔木德》的第一页都是空白页，意思是让每位学习《塔木德》的人都留下自己的看法和见解。这与我们死记硬背、生搬硬套经典的传统，形成了鲜明的对照。犹太人的母亲常常问孩子，如果遭到强盗的抢劫，只有什么抢不走？当孩子无言以对的时候，母亲会告诉孩子，只有智慧抢不走。犹太人如此重视对智慧的培养，难怪犹太人是世界上最有智慧的人。在犹太人几千年四处漂泊的生涯中，当他们被一国统治者驱逐出境、剥夺一空的时候，到了另一个国度，凭着自己的智慧，很快又东山再起，成为当地最富有的人。这也为产生诸如马克思、爱因斯坦、凯恩斯等众多犹太思想家和科学家，提供了肥沃的土壤。

九十二

知识不等于智慧

《庄子·天道》里讲了这样一个故事：有一天，齐桓公在大堂上读书，他请的一个叫轮扁的木匠正在堂下制作车轮。不知为什么，轮扁快步走到大堂上来，有些不可理解地问："请问您读的是什么书啊？"桓公说："这是记载着圣人言论的书。"轮扁又问："那么，圣人还在吗？"桓公答："已经死了。""既然是这样，那君王您所读的就像是古人的糟粕了。"桓公一听，非常生气："我在读书，你一个做车轮糊口的人，有什么资格妄加议论呢？你必须给我说清楚。如果说不出道理，你就罪该处死！""我是拿我做手艺的体会来看。我砍削轮子，要是榫太松了，不牢固，榫头虽然打得进去，很快就会滑脱；要是榫太紧了，榫头就打不进去，或者会打坏木料。只有不紧不松，才能称心如意。"轮扁接着说道："这个不松不紧，说来容易，实际做起来有诀窍，但又没有办法说出来。你又不能因此说我没诀窍，因为我总是比别人做得好、做得快，总比别人来得从容不迫。所以其中的窍门实实在在是有的。而且这个窍门我不可能告诉我的儿子，我的儿子也没有办法从我的手上接过去。我的诀窍是从我自身的操作体会出来的。古人死的时候，连同他们那些不可言传的诀窍都死了，我不可能得到什么。现在的你，却变成从古人的言论去找治国的秘方，那你得到的不就等同于古人的糟粕吗？"轮扁不慌不忙地说了这些话，齐桓公听后默不作声，心里着实同意轮扁的说辞，轮扁说的话实在太有道理了。

笔者认为，这个故事非常精彩地阐述了知识和智慧的关系。古人的书虽然记载的是圣人的言论，充满了智慧和闪光的思想，但那是在当时的时代背景中说的，而且俗话说："文不尽言，言不尽意"，古人的书也很难将圣人的意思全面、完整、准确地表达出来。如果不假思索，机械、死板地接受这些圣人的言论，只能落个"死读书，读死书，最后成了活死人"的下场。这也是为什么有的人书读得越多人反而越傻的原因。时下，"知识经济"这个词非常时髦，因为它表明产品中包含着技术含量。笔者倒是认为，不如将"知识经济"改为"智慧经济"更为贴切，因为"知识"并不等于"智慧"。

孔子去世后，产生了许多儒家学派，都说自己是"真儒"，别人是"冒牌货"；老子去世后，产生了许多道家学派，都说自己是"真道"，别人是"假道"；释迦牟尼佛去世后，出现了许多佛家学派，都说自己是"真佛"，别人是"假佛"；马克思恩格斯去世后，同样出现了许多马克思主义学派，都说自己是"真马列"，别人是"假马列"。对于开山鼻祖的话，这个学派是一种解释，另一个学派则是相反的解释，都说自己正确。到底谁对？由于老祖宗已经离开人世，没人能够告诉你原话是什么意思，只有靠读者自己独立思考。

最伟大的是中国共产党，最伟大的是毛泽东和邓小平，他们都能把马列主义的普遍真理同中国革命的具体实践相结合，最后取得了中国革命的伟大胜利和中国社会主义建设的伟大成就。如果他们死守马克思主义的具体条文而生搬硬套，中国革命和建设的后果也就可想而知了。

九十三

商人都是有智慧的人

许多书刊杂志在介绍某位成功的商业人士的时候，常常会说："虽然他没有什么文化，可是……"好像这位人士的成功纯属侥幸。这是把"知识"和"智慧"混同起来的明显例子。商场如战场，商情瞬息万变、转瞬即逝，需要当事人随机应变、当机立断。对于随时出现的情况，不可能在哪一本书中找到准确的答案。当事人必须根据自己掌握的情况，即时作出准确的判断和正确的决策。这与学习多少知识没有必然的联系。前面已经说过，对知识不加思考地全盘接受，对知识不能活学活用，就会成为书呆子，反被知识害死，还不如不读书。在常人看来不可能的事，在商人看来完全是可能的，商人都是不按常理出牌的人，因而他们最具有智慧。当然，在这里，笔者并不是说商人就不需要学习，只是说明知识和智慧的关系。没有文化的商人当然应该多看书、多学习，只是不能"死读书、读死书"而已。

九十四

以宽容的态度对待孩子的标新立异

小瓦特坐在烧水壶旁，惊奇地看到在水沸腾的时候，壶盖会跳动。仔细观察后发现，原来是蒸汽的作用。受此启发，长大后他发明了蒸汽机，并由此引发了工业革命。牛顿躺在苹果树下，思考为什么苹果会落在地上，而不会飞向天空，由此他发现了伟大的万有引力定律。戈达德坐在自家的樱桃园里眺望太空，幻想着有朝一日能够登上月球，由此他发现了火箭的原理。我们不知用了多少美丽的词汇来赞美他们的奇思妙想，也不知道多少次将这些故事讲给我们的孩子听，可等到我们的孩子提出一些古怪的问题时，我们似乎忘记了这些美丽的故事，而是毫不留情地斥责孩子是胡说八道。而标准化考试、标准答案，更是侵蚀了孩子们的创造力和想象力。难道那些奇思妙想，只是这些科学家的专利吗？

好奇心加上创造力，推动着文明向前迈进。我们所酷爱的许多产品，都是靠直觉、猜测和幻想做出来的。它们的发明人不但特立独行，在旁人看来甚至疯疯癫癫、胡言乱语。这是因为，要创造全新的东西的确需要全然不同的眼光——好奇心。

因此，让我们敞开胸怀，带着一颗宽容的心，去热情拥抱孩子们的奇思妙想和标新立异，以后你会逐渐发现，原来我们的孩子是这样具有想象力和创造力。下面这个妈妈为我们树立了很好的榜样：有一天，她正在洗碗，听到儿子在后院蹦蹦跳跳的声音，便对他喊道：

"你在做什么?"儿子得意地回答:"我要跳到月球上去!"我们看看这位妈妈如何回答:"好,但不要忘记回来吆!"这个小孩儿后来成为第一个登上月球的人,他就是阿姆斯特朗。

九十五

破除对科学的迷信

科学就是科学，迷信就是迷信，把迷信和科学联系在一起，说什么“破除对科学的迷信”，不是太可笑了吗？如果你冷静地分析一下我国的科学教育，你就笑不出来了。“五四”运动以来，我们一直高喊要破除迷信、崇尚科学。不幸的是，崇尚科学的结果，却使我们由对神鬼的迷信、对帝王的迷信，逐渐变成对科学的迷信。只有经过科技证明的东西，我们才称之曰科学，而科学不能证明的东西，我们就说它不科学。比如，尽管中医具有几千年的历史，能够治疗许多病症，可是由于它不能为科学所证明，我们在很长时间里对中医采取了歧视甚至排斥的态度。再如，我们对科学家的话简直到了顶礼膜拜的地步。只要是科学家说的，我们就深信不疑。有的科学“权威”甚至不允许别人提出不同的学术观点。可不幸的是，历史总是与我们开玩笑：所谓科学有的后来被证明为伪科学，而那些“不科学”的东西后来证明有的却具有科学性。至于，有的丧尽天良的“科学家”，打着科学的旗号，昧着良心去欺骗善良的人们，现在也已经司空见惯了。只要给钱，哪怕是假冒伪劣产品甚至药品，他们也毫不羞愧地、毫不犹豫地在产品鉴定书上，写上自己“神圣”的名字。

我们学校的数理化教学，也把对科学的迷信推到了极致。前面说过，数理化的定理、公理、公式是以许多假设条件为前提的，可我们却忽略这些假设条件，要求孩子死记死背这些定理、公理、公式，把活生生的数理化变成新的“鬼神”，让学生们顶礼膜拜。幸亏，我们还有霍金这样敢于否定自己、具有高尚道德情操的科学家。否则，对科学的迷信不知又把我们带入什么时代。

《文汇报》曾刊登沈致远的文章，题目是《科学三议》，兹摘录如下：“凡事都有两面，专注于科学伟大辉煌的一面，往往忽视其另一面。”“一议：科学不是万能。科学神通再广大，科学家再聪明也写不出《红楼梦》；把大雁的基因全解读出来，也解不出‘问世间情是何物，直教生死相许’；单靠科学也进不了大同世界。”“二议：科学不等于正确。有人将科学当作正确之同义词，这是极大的误解。科学从来不是也不可能是完全正确的。有科学史为证。牛顿力学能准确地预测千年后的日食、月食，够正确了吧？量子论说：‘不！牛顿力学不适合微观世界。’相对论说：‘不！牛顿力学不适用于高速度及强引力场合。’量子论的有些实验精确到一百亿分之一，够正确了吧？目前全世界有几千位物理学家正在挑量子论的毛病，相对论也不例外。”“三议：科学不怕挑战。科学发展史是不断接受挑战的历史。量子力学基本概念与传统观念根本不同，科学家一时难以接受。爱因斯坦反对量子力学的‘几率解释’，说：‘我不相信上帝在掷骰子。’并多次提出理想实验进行挑战。玻尔奋起应战，据理反驳。爱因斯坦屡败屡战，苦思冥索想出一个特别刁钻的理想实验，玻尔彻夜未眠苦思不得其解，清晨豁然开朗，用相对论以其人之道还治其人之身。‘老顽童’仍然固执己见。另一位科学家厄伦费斯特说：‘爱因斯坦，你真不像话！你简直在批判你自己的相对论了。’爱因斯坦虽败犹荣，他提出的一些理想实验，促进了量子力学的发展，还为新技术量子密码、量子计算机等催生。进化论从诞生之日起就被挑战，从未停止过。创世说者从信仰出发频频发难，甚至动用行政手段禁止讲授进化论。结果怎么样呢？进化论身经百战越战越勇，创世说一交手就破绽百出，只好以百万美元大奖向科学家频送秋波求援。科学不怕挑战，怕挑战的不是科学。”

九十六

诵读经典之一：经典是最高智慧

一说到如何让孩子变得聪明，人们会情不自禁、不约而同地认为，学习数理化。要是哪个孩子数学成绩好，大家就会异口同声地称赞他聪明，招来许多家长羡慕甚至嫉妒的目光。于是，我们的学校和家庭老早就让孩子学习数学，各种名目的培训班应运而生，无数的孩子被家长送进了这样的培训班，浸泡在无穷无尽的题海当中。其实，过早地让孩子学习数学不但不能提高孩子的智慧，还会成为孩子获得智慧的障碍。因为数理化的公理、公式、定理都是以一定的假设条件为前提的，如果离开了这些假设条件，所谓的定理、公理、公式就无法存在。由于孩子不懂这些，老师在教的过程中又不强调这些假设条件，甚至让孩子死记硬背这些公理、公式、定理，孩子不是越学越聪明而是越学越笨也就可想而知了。实际上，诵读经典、思考经典才是启迪智慧的最好方法，因为经典揭示的是自然规律和人类社会发展规律，蕴藏着无穷的智慧。无论我们从事什么工作，它都是我们日常工作的指南，即使你所从事的工作是自然科学的研究，同样可以从经典中获得启迪和启发。当然，学习经典不意味着死记硬背，不是让你将经典当成金科玉律而顶礼膜拜。孔子早就说过，“学而不思则罔，思而不学则殆”，意思是，光学习不思考容易陷入迷茫，光思考不学习容易耍小聪明。孔子还说过：“君子之于天下也，无是也，无莫也，义之与比。”意思是，君子对于天下的事，没有绝对的正确，也没有绝对的错误，合理就好。无论是释迦牟尼，还是孔子，不论是苏格拉底、柏拉图、亚里士多德，还是老子，都反对人们死读书、读死书，更反对人们把他们的言论当作金科玉律而顶礼膜拜。

九十七 诵读经典之二：经典是中华民族生生不息的源泉

为什么四大文明古国只有中国连续完整地保留了自己的文化？为什么中华民族经历多次异族入侵不但没有灭种反而世世代代生生不息？为什么侨居海外的中华儿女在异国他乡都能自强不息？就是因为中华古老的文化、古老的智慧不断焕发出生机和活力，照耀着我们在历史的隧道里、沿着正确的方向摸索前进。而入侵的异族为了能在中原站稳脚跟，也不得不接受中华的文化。而所谓中华文化精华就浓缩在我们的祖先留给我们的经史子集里。

外国人常常不能理解，为什么中国经济能够得以在 30 年中连续高速增长。其实原因很简单，就是在每一个中国人的骨子里、血液里充满着忠孝节义、仁义礼智信等中国文化。看看当今，从党政机关到私有企业，从工人到农民，从普通百姓到政府官员，加班加点成了家常便饭。赚了钱尽量储蓄起来，用于购买住房、为孩子找一家好学校、送孩子到国外学习。你再对照一下非洲人、东南亚人，今天有钱今天花，明朝有酒明朝醉，孩子读不读书那是政府的事，政府不管，我也无钱让孩子读书。到了下班的时候，一分钟都不会加班。有位在罗马尼亚经商的中国人，兴办了一家纺织厂，订单源源不断，他想让当地工人加班，遭到当地工人的断然拒绝，即使加班费是工资的 2 倍甚至 3 倍。再如，海外的中国人都能忍辱负重、克制忍让，与所在国人和睦相处，教育程度和富裕程度都很高。又如，中国人从事科技同样非常出色，不乏诺贝尔奖获得者，这都是由于中华传统文化的支撑。

纪晓岚在编纂《四库全书》的过程中发现，该说的话古人都说了，该写的书古人都写了，所以纪晓岚一辈子不著书，只为我们留下了一本日记《阅微草堂笔记》。不幸的是，由于中国的诗书礼仪、忠孝节义、温良恭俭让、仁义礼智信挡不住西方列强的坚船利炮，对此有些人却把中国的落后同中国的传统文化联系起来，把自己的文化说得一无是处、一文不值。于是乎，本来是遍地珠翠、中国人应该人人耳熟能详的中华文化，被当成糟粕，离我们却越来越远，我们对它越来越陌生。于是乎，中国人看不懂自己老祖宗的书了，还需要专人翻译。以至于还要成立所谓的国学院，设立专人来研究我们自己的文化。其实，“五四”运动以来所批判的中国文化并不是真正的中国文化，而是被秦汉以后的统治者为自己统治需要而肆意歪曲的文化。我们一般人不去诵读四书五经的原文，而是通过别人的文章间接地了解。不亲口品尝梨子的滋味，如何能够领略中华文化的博大精深？只能人云亦云。因此，有必要大量减少白话文的教学时间，白话文是不用教的，只要孩子认字就可以自学。拿出更多的时间，从小让孩子诵读经典，让孩子站在巨人的肩膀上，用古老的智慧点燃孩子智慧的火花。

九十八

诵读经典之三：经典是文明的曙光

为什么要诵读经典？上两篇虽有所阐述，但总感觉不够深刻、不够直白。笔者对此总是耿耿于怀，以致寝不安眠、食不甘味。有一天忽有所悟，不知正确与否，说与大家听听。

什么是经典？经典就是古代圣贤如何将人由动物和野兽变成真正的人的学说或理论。我们的先贤据此来教化百姓，劝导百姓要注重仁义礼智信、温良恭俭让、忠孝节义，将人从出生时的纯粹的一个动物，教化成一个真正的社会人。同时，经典还是我们的先贤探索天地人之间关系的学说。难道还有什么科学比得上将人从动物和野兽变成真正的人的理论和学说吗？如果不首先将人从动物和野兽变成真正的人，怎么会有人类的发明创造？怎么会有石器时代、铜器时代、铁器时代、机器时代、电气化时代和信息化时代？怎么会有今天科技的辉煌和物质的巨大进步？请问，如果没有先贤创造的仁义礼智信、温良恭俭让、忠孝节义，而用数理化等所谓的科学，能够把人从动物和野兽变成人吗？因此，必须从小诵读经典，理解经典，严格按照经典去做，做一个孝敬父母的人，做一个尊重师长的人，做一个充满爱心、仁爱他人的人，做一个有信义的人，做一个热爱国家的人，做一个勇敢、坚强、自信、宽容、知道感恩、充满韧劲的人。结婚前是好儿女，结婚后是好夫妻，有孩子后是好父母，在单位是好员工，在国家是好公民，做上级是好上级，做下属是好下属，“老吾老以及人之老，幼吾幼以及人之幼”，“教以孝，所以敬天下之为人父者也；教以悌，所以敬天下之为人兄者也；教以臣，所以敬天下之为人君者也”。如果我们的孩子具备了这种悲天悯人的高尚情怀，何愁学不好数理化呢？

而我们中小学的主要课程就是数、理、化和英语，整天除了作业就是考试，分数高的就是好学生，分数低的就不是好学生。至于孩子是不是孝敬父母、尊重师长，是不是团结友爱，是不是具有公德心，是不是勇敢、坚强、宽容、自信、独立，等等，基本不在学校的考虑之内。中小学12年，不是把孩子由动物和野兽变成有血有肉、热爱生命、热爱生活、充满幻想、充满想象力和创造力的人，而是把孩子变成情感淡漠、冷冰冰的机器，甚至又变回了动物和野兽。其结果可想而知。尽管我们高考题越来越难，尽管高考状元的分数越来越高，尽管科大少年班连续举办了30年，尽管我们输送了几百万留学生，是否涌现出一位真正的科学家？是否有一人获得过诺贝尔奖呢？想一想我们老一辈的科学家吧？华罗庚、钱学森、钱伟长、钱三强、李四光、杨振宁、李政道、竺可桢，等等，几乎都具备深厚的私塾底子，个个出口成章、下笔如有神，许多人还精于琴棋书画、诗词歌赋。

其实，上述问题的责任不在学校，而是由于近代中国屈辱的历史，许多知识分子把近代中国的落后归咎于经典。他们认为经典都是糟粕，是封建礼教，是愚民政策。学习经典会越来越笨，只有从小学习数理化才能开启人的智慧。实际上，这些知识分子所批判的东西并不是真正的经典，而是被历代统治者为满足统治需要而歪曲的“经典”。我们一般人不读经典原著，而是人云亦云，对真正的经典产生偏见也就可想而知了。

有一天，看到读小学一年级的儿子正在做一本书上的练习题，书名是《数学伴你成长》，不禁感慨万千，真不知道数学会怎样伴随成长，不知道能够成长成什么样子。

九十九

诵读经典之四：经典是艺术教育的简捷方法

一说到音乐教育，人们自然想到让孩子们去学演奏乐器，去学唱歌跳舞。有的孩子喜欢，有的孩子并不喜欢，硬逼着孩子去做未必会产生预想的效果。其实，诵读经典也是音乐教育的有效途径之一，因为经典有着优美的韵律和明快的节奏，尤其是唐诗宋词元曲都是用来演唱的，汉语的四声本身就是音符。曾有一位国外的音乐家到中央音乐学院访问时发现，该院有许多具备同莫扎特一样天赋的孩子，他猜想可能与汉语的四声不无关系。当然，这位教授的话有客气的成分。过去，私塾在传授经典时多是采取吟诵的形式。小时候在电影上看后忍俊不禁，现在想想那是多么好的音乐教育方式。

一提到对孩子进行绘画教育，人们自然想到送孩子去培训班。其实，每一个汉字都是一幅优美的图画。让孩子拿起毛笔，写好每一个字，不就是最好的绘画教育吗？台湾一位年迈的老太太，成了当地有名气的画家，其画的就是从写甲骨文开始的。笔者认为，除了做数学作业，应该丢掉现在的铅笔钢笔圆珠笔，完全采用毛笔。仔细想想，只有我们中国人才具备这独有的艺术形式，丢掉它实在是太可惜了。

一〇〇

诵读经典之五：经典是最好的心理诊所

随着市场经济的不断发展，竞争日趋激烈，越来越多的现代人患上了各种各样的心理疾病。于是乎，各种各样的所谓心理咨询机构遍地开花，心理咨询行业越来越火爆，心理咨询医生的收入越来越高，甚至有的心理咨询收费高得令人咋舌。但这些所谓的心理咨询真的能解决人们的心理问题吗？不能完全否定，但可以肯定地说，其效果很难如人意。不客气地说，许多心理医生自己的心理就不健康，个别心理医生甚至走上了绝路。实际上，人们之所以患上各种心理疾病，其根源是人们与生俱来的嫉妒心、怨恨心、贪婪心、恐惧心，不是为过去发生的事耿耿于怀，就是为将来的事忧心忡忡。这些不健康的心理随着年龄的增加与日俱增，积累到一定程度后就导致抑郁症、焦虑症、恐惧症等各种心理疾病。之所以这样，我们的教育当然负有不可推卸的责任。学校把绝大部分时间放在了所谓知识的传授（其实也不是真正的知识传授），不但严重忽视了人格的培养和塑造，学校里高度的竞争压力，反而助长了孩子们的嫉妒心、怨恨心、贪婪心、恐惧心、自卑心。而且这些不健康的心理随着时间的推移会愈演愈烈、积重难返。加上现在的影视作品所塑造的人物许多都是性格缺损的人，对青少年人格的负作用更是推波助澜。因此，从小塑造好孩子的人格，就能预防和减少各种心理疾病的发生。而要塑造出健康的人格，最好的途径就是诵读经典，引导孩子按照经典的要求，从小懂得仁义礼智信、温良恭俭让、忠孝节义，让孩子们学会坚强、勇敢、宽容、友爱、自信、豁达。为此，就会实现每个人内心的和谐。个人内心和谐了，家庭就容易变得和谐；家庭和谐了，社会就容易和谐；社会和谐了，国家就和谐了；国家和谐了，世界就容易和谐。温家宝总理在看望季羡林老先生时，季老就曾谈到，建设和谐社会必须首先实现每个人内心的和谐。如此，怎么会有那么多内心不和谐的人患上各种各样的心理疾病呢。因此，经典是最好的心理诊所，圣人是最好的心理医生，圣人之言是医治心理疾病的灵丹妙药。

第七篇

专长篇

专长不是空中楼阁

本来写到第六篇就应该结束了，自己都觉着有些絮叨，重复的事、重复的话不知说了几次。既然本书的名字叫《构建快乐成长金字塔》，而专长又是塔尖，体格、人格、知识、智慧这四层在前面都已做出论述，如果抛下如何构建塔尖不谈，总觉着不够完整，那就请读者原谅，让我再啰唆几句吧！

说什么呢？还是那句老话，专长必须建立在健壮的体格、健全的人格、广博的知识和高度的智慧之上。如果浑身是病，身体虚弱，无论如何也很难做成什么事。如果人格不健全，没有坚强的意志、高度的自信心、不怕挫折的韧劲、独立生活独立思考的能力，你的专长就不会持久、不会发展；没有孝敬父母、尊敬师长、友善待人、忠于人民、报效国家的优秀品德，你的专长越长恐怕对社会的危害越大。如果没有广博的知识，你的专长就会失去足够的养料，就是缺乏想象力、创造力的专长。

在这里，我要提醒家长和老师们，不要机械地理解我所阐述的“构建快乐成长金字塔”。它只是一种比喻，并没有什么时间顺序。不能理解为某一段时间专门用来锻炼体格，某一段时间专门用来培养人格，某一段时间专门用来充实知识，最后才能培养专长。孩子一出生，我们就开始了体格的锻炼、人格的培养、知识的积累、智慧的磨炼和专长的发现培养，只是每一个阶段的侧重点有所不同。另外，每个孩子的个性不同、特点不同，每一个阶段的侧重点也会有所不同。

二　顺应兴趣培养特长

为人父母者，都希望自己的孩子拥有一技之长，这是人之常情，毕竟人要生活，特别是那些从苦难过来的人都有切身的感受。所以为人父母为人老师者，要从小细心观察孩子的兴趣、爱好、特长，并有意识培养，最后形成专长。其实，我有时候觉得，从孩子的专长入手，反而会刺激孩子爱读书爱学习，并促进人格的培养。如果孩子喜欢画画，不喜欢读书，那你就先教他们画好了；如果孩子喜欢弹琴而不喜欢读书，那你就先教他们弹好了；如果孩子喜欢拆装东西而不喜欢读书，那你就教他们拆装好了；等等。以此为突破口，孩子就会逐渐喜欢读书学习。现在采用统一的教科书，让所有的孩子按照同样的时间、同样的方法去学习，而不顾孩子之间的巨大差异，孩子们产生厌学情绪也就不言自明了。

有的家长说，看不出孩子有什么特长和兴趣爱好。其实，家长可以做一些侦察工作。比如，让孩子学学琴，并及时地予以表扬，鼓励其坚持下去，甚至可以适当地逼一逼，过段时间孩子可能就会喜欢上弹琴，并陶醉在美妙的音乐里。如果孩子实在不喜欢弹琴，那就让其试验别的领域。如此这般，想必就会发现孩子的兴趣爱好和特长。

一〇三 适当的“逼”是需要的

在提到尊重孩子兴趣的时候，笔者不得不提醒读者:不要走向另一个极端，即完全放任，信马由缰。因为对世界上的许多事物，如果不去尝试甚至较长时间的尝试，我们就不知道自己到底是喜欢还是不喜欢。比如吃东西，笔者到现在也无法想象，自己作为一个东北人，过去在老家的时候，一点辣味儿都不敢尝，而多年以后，自己竟然比湖南、江西、四川人还能吃辣椒，一日不吃，嘴里无味。还有，笔者到现在还记得，一位同学津津有味地吃臭豆腐，弄得宿舍臭气熏天，招致室友一致“谴责”。而他则满面微笑地建议大家尝一尝，吃上一段时间包你割舍不下。同学们对他的话自然不屑一顾，或掩着鼻子，或离开宿舍。慢慢地有同学也硬着头皮尝上一口，渐渐地也喜欢上了那股臭味。没过一个月，全体室友都已经津津有味地吃上了臭豆腐。那位同学每次一拿出臭豆腐，就被大家一抢而光。至今，笔者就特别喜欢皖南的臭豆腐、臭鳜鱼等食品。笔者还记得刚刚入学时，江西同学双目圆睁，看着东北的同学在津津有味地吃着葱蘸酱。四年以后，葱蘸酱已经成为他生活的一部分了。笔者还记得当初买缸做酸菜时，遭到妻子的强烈反对，后来她变得比我还爱吃酸菜。这样的实例，相信读者也经历了许多。同样，许多孩子在开始学习的时候，不知道所学的东西有什么乐趣。如果家长督促孩子坚持一段时间，孩子就可能慢慢体会到其中的乐趣。“你对自己未必了解”，这是苏格拉底给人类的教诲。但是，请记住，笔者所指的“逼”，是适当的“逼”，而且也要尽量循循善诱地予以引导，不可超过“弹性系数”。如果经过一段时间，孩子仍然十分抵制，家长一定要毅然决然地予以中止。也许，家长的突然中止，反而能吊起孩子的胃口，让孩子产生某种失落感，主动要求恢复学习。

一〇四

不可成为兴趣的奴隶

近些年来，演艺明星们的光鲜亮丽和豪华奢侈的生活，激起了多少青少年的明星梦。尤其是许多明星因为坚持不懈、坚忍不拔而终成正果的辉煌经历，更加坚定了许多青少年及其父母矢志不渝的决心。于是乎，许多家长顶风冒雪、披星戴月地陪着孩子练琴学画，甚至乘飞机、坐火车、住宾馆，日费千金，不远千里请求名师指点；更有甚者，为了孩子学艺，许多家长宁可辞掉工作，奔走他乡，打短工，住斗室，也在所不惜。于是乎，每到艺术院校招生，校园里人潮汹涌，万头攒动，长长的队伍“神龙见首不见尾”。几天下来，你方唱罢我登场，几家欢乐几家愁。于是乎，广大的艺术青年们为了自己的艺术理想，背井离乡，齐聚北京，不惜沿街卖唱，与蚁族为伍，形成了一个号称“北漂族”的群体，痴情不改自己的明星梦。有的人因为多年未果，甚至走上了绝路。据说，倪萍曾经劝告这些“漂弟”、“漂妹”，不要执迷不悟、自己跟自己较劲儿，你本是个椽子料儿，非要当栋梁，结果被压得粉身碎骨。估计，这些“漂弟”、“漂妹”对她的话一定是不屑一听，甚至回以白眼：你净站着说话不腰疼，自己成了大明星，当然可以唱高调。这样的事儿，相信读者也已经司空见惯。笔者也曾经历过一件事，同村的一位老大哥整整比我大十五六岁，非要上大学不可。可是高考成绩却一年不如一年：第一年差一分，第二年差二十分，第三年差四十分，第四年差六十分，同我一起参加高考那年已经是第五个年头，整整差了九十分。可他仍然不改初衷，最后变成了一位精神病患者。

因此，笔者郑重建议，家长及孩子千万不要成为兴趣的奴隶。如果经过自己努力，发现确实不是“金刚钻”，确实不是那块料儿，赶紧悬崖勒马，及时回头。否则，等到真成了精神病的时候，就追悔莫及了。

一〇五

成长评分表

指标		分数	
		满分	实际得分
体格		20	
人格	勇敢坚强	1	
	自信	2	
	宽容	1	
	豁达	1	
	感恩	1	
	独立生活	3	
	说话	2	
	办事	2	
	理财	3	
	礼仪	2	
	爱国	2	
知识面		20	
智慧		20	
专长		20	
合计		100	

本表共采用 5 个指标，每个指标 20 分，满分 100 分。在“人格”栏里，又分设了 11 个子指标。指标设计不一定完善，分数分配也不一定合理，其目的只是给家长评价自己的孩子成长提供一个参考。

后　记

当我在周六、周日透过窗口很难看见院子里有孩子戏耍的时候，当我看见稚嫩的肩膀背着沉重的书包躬身前行的时候，当我看到越来越多的孩子戴上眼镜的时候，当我看见熟悉的孩子慢慢地失去笑容、显得忧心忡忡的时候，当我看见孩子疲惫地跟随着父母参加各种培训班、辅导班的时候，当我看见孩子在父母的责骂声中含着眼泪弹琴、画画、做作业的时候，当我听说越来越多的孩子患上各种心理疾病的时候，当我听说母亲为学习打死孩子、孩子为学习杀死母亲的时候，我在心中不禁一遍遍大声呼喊，我们的教育到底是怎么了？国家增加了那么多投入，家长花费了那么多的金钱、时间和精力，学校和老师付出了那么多的心血，孩子们付出那么多的努力和劳动，可我们却培养出那么多不快乐的孩子、缺乏想象力和创造力的孩子、缺乏礼貌的孩子、缺乏道德修养的孩子。对此，我们能怨国家的投入不够吗？能怨学校老师和家长不够尽心吗？要怪就怪现行的教育理念，要怪就怪登峰造极的应试制度。然而，应试制度不可能不存在，但我们一定要按照贯彻和落实科学发展观的要求，去不断地改革它、完善它，实现“四个转变”：一是从过分重视智育向德智体美全面发展的转变；二是课程设置从过分重视科学向以人文课程为主的转变；三是从过分关注少数尖子生的培养向关注所有学生的培养转变；四是从过分重视孩子共性教育向注重孩子个性教育转变。让每个孩子的天赋绽放出灿烂的花朵，使我们的学校变成万紫千红的百花园。

佟绍伟

2012年1月